# 享受阳光 不畏风雨

## 感恩提升人生境界

主编 拾 月
编著 张玲玲

**图书在版编目（C I P）数据**

享受阳光 不畏风雨：感恩提升人生境界 / 张玲玲编著. -- 北京：现代出版社, 2015.4
ISBN 978-7-5143-3503-3

Ⅰ. ①享… Ⅱ. ①张… Ⅲ. ①品德教育－中国－青少年读物 Ⅳ. ①D432.62

中国版本图书馆 CIP 数据核字(2015)第 067933 号

享受阳光 不畏风雨：感恩提升人生境界

| | |
|---|---|
| 主　　编 | 拾　月 |
| 编　　著 | 张玲玲 |
| 责任编辑 | 王敬一 |
| 内文制作 | 诚美天下文化传播有限公司 |
| 出版发行 | 现代出版社 |
| 地　　址 | 北京市安定门外安华里 504 号 |
| 邮　　编 | 100011 |
| 电　　话 | (010)64267325 |
| 传　　真 | (010)64245264 |
| 邮　　箱 | xiandai@cnpitc.com.cn |
| 网　　址 | www.1980xd.com |
| 印　　刷 | 三河市华晨印务有限公司 |
| 开　　本 | 700mmx1000mm　1/16 |
| 印　　张 | 9 |
| 版　　次 | 2015 年 5 月第 1 版　2021 年 4 月第 3 次印刷 |
| 书　　号 | ISBN 978-7-5143-3503-3 |
| 定　　价 | 29.80 元 |

# 前言

每个青少年，都是这个社会中宝贵的财富，正所谓“少年强则国强”，大至一个民族、一个国家，小至一个家庭、一个家族，都应重视青少年的教育问题。除此之外，也应该重视青少年在这个青春期里，是否能够感受到人世间的善、恶、美、丑。在每个人的人生中，除了需要自身独特的性格之外，还需要拥有感受世界的能力。

勇气、淡定，是面对生活中挫折和荣耀时，该拥有的魄力和态度。

浪漫、珍惜，是成长路上的一种幸福，情感路上的一种懂得。

孝道、感恩，是乌鸦反哺、羔羊跪乳的做人之本，是成就阳光人生的支点。

紧张、守候，是释放无形压力，是量变到质变的成功。

大气、做人，是超凡脱俗后的快乐，是收获友情的聚宝盆。

青春，是每一个人最美好的一段时光，是人格、性格定型的重要阶段。在这个时期，我们需要享受青春的快乐，同时也需要完成自我塑造。通过心理自助，最终从一个小男生、小女生逐渐成长为一个有着健全人格的人，成长为一个对社会、对家庭、对自我有着相对完整认知的人，对自己的未来做主的人，这才是一个最充实、最有价值的青春。每个梦想都值得我们认真对待，每个青少年都是未来的希望。在青春中，我们不仅要有欢乐，同时也要拥有未来！

本丛书是你化解烦恼的“心灵鸡汤”，可以给你快乐的心理自助；本丛书会让你认识到：掌控心理，方能掌控世界；改变自己，才能改变一切。本丛书还将告诉你：只有实现积极的心理自助，才能收获快乐而充实的青春。

# 目录

## 第一篇 感恩亲情，世界上最灿烂的阳光

海角天涯，伴随我们的永远有妈妈 002
父爱，伟岸如青山 008
兄弟齐心，人生战场上最可靠的帮手 014
不曾停止，亲情一直都在 018
滴水之恩，当涌泉相报 022

## 第二篇 感恩友情，为我们撑起一片晴天

030 好友相伴，世上就没有漫长无味的旅途
034 真正的朋友是关键时候拉你的那只手
038 友爱，照亮我们黑夜的唯一光亮
044 感激朋友，谢谢你走入我的生命
050 相互信任，把握朋友相交的基础

## 第三篇 感恩贫困，命运赠予我们的精神财富

贫穷如师，鞭策我们前进 056
在“贫困”的大学里修完学业 062
找到生活的原味，品出人生的真谛 066
经得起风雨，更容易长成参天大树 072
乐对贫穷，充实大脑，提升能力 078

# 目录

## 第四篇 感恩失败，搭建通往成功的阶梯


086　有过失败，才抓得住成功
092　正视失败，没有失败就谈不上成功
098　端正心态，仇恨失败那就真的败了
102　进取人生，别让失败绊住脚步
106　拥抱失败，拥抱崭新的开始

## 第五篇 感恩对手，人生路上最好的朋友


人生角逐，请珍惜你的对手　112
人，是在与对手的竞争中进步的　116
谢谢对手，那个让你更坚强的人　120
共赢为上，没有永远的对手　124
不断突破，与对手一起进步　128

第一篇

# 感恩亲情，世界上最灿烂的阳光

亲情，是这个世界上最纯洁、最不求回报的情感，无论是父母之爱，还是手足之情，都是我们每个人心里最宝贵的财富。因为有了亲情，我们的人生充满了温暖；因为有了亲情，我们都不再是孤独的个体；因为有了亲情，我们能够抵御世间种种苦难。

# 海角天涯，伴随我们的永远有妈妈

## 故事话题

大文豪鲁迅的母亲一生饱经风霜。唯一的女儿在她 31 岁时病死，39 岁时丈夫去世。她的生活状况困苦悲惨。家境的败落，社会的黑暗，让身为长子的鲁迅提早懂事了，他十分清楚母亲的心境，积极分担母亲的忧愁。

在北京与母亲同住时，虽然工作压力大，时间安排紧密，鲁迅仍然于每天晚饭后到母亲房间陪她聊天叙话，减少母亲的寂寞感。平时出门前也总是要去母亲屋里转一转，说声：阿娘，我出去哉。回来后也一定会告知母亲，还经常带母亲爱吃的小食品。

经济上并不宽裕的鲁迅总会尽量考虑母亲的感受，尽己所能予以满足。他借钱在西三条胡同买了一所住宅，叮嘱妻子许广平：房子是买来安慰母亲的，母亲住惯了自己的房子，突然要她住出租房，老人家会很不舒心的。

母亲身体不适了，都是鲁迅亲自陪护母亲赴院治疗，挂号、交费、取药均亲力亲为。他因为工作原因远赴南方期间，每月按时寄百元生活费给母亲，从不间断。

作为职业作家，鲁迅对母亲的精神生活也很关心体贴。他掌握到母亲的口味，为母亲购置了如《西厢记》《镜花缘》等精致绣像书本。

鲁迅的好朋友许寿裳曾评说：鲁迅的伟大，不但在其创作上可以见到，就是对待其母亲起居饮食，琐屑言行之中，也可以见到他伟大的典范。

## 故事解析

感恩是每个人都应该具有的基本道德准则，也是做人最基本的修养之一。《三字经》里就有：能温席，小黄香，爱父母，义深长。

一个人从小到大，无时无刻不在接受他人的恩情，其中首要的便是父母养育恩。母亲生养了我们，是第一个我们想要回报的人！

科学研究表明，只有在爱的环境里长大的孩子才会具有感恩的素质。我们能够有感恩之心，是得益于成长其中的爱的环境，没有接受爱的滋养，我们无从去爱，去感恩他人。

“母爱”是世间最伟大、美好、纯净的情感，是物种繁衍进化的原驱动力。一位母亲，不会因为自己有残缺而吝啬对母爱的付出，身为母亲，必然是用最大的努力让孩子幸福，不图回报。

母爱上善若水，无处不在。游子可以踏足天涯海角，心底里永远有母亲绵绵密密的挂念。这是漂泊在外的人心之所系，信之所生。

行孝无晚时。从你有这样的意识开始就积极行动，方才会心安。鲁迅深深理解母亲等老一辈人生活的艰辛，从自己懂事起便积极行动回馈母亲，让操劳一生的母亲得以颐养天年，自己也能放心去打拼，避免了“子欲养而亲不待”的悲剧。

母亲，我们都要感谢您，感谢您给予了我们生命，感谢您给予了我们绚丽多彩的人生，感谢您让我们拥有了一颗颗拼博、热枕、感恩的心！

## 故事穿越

“霍金先生，卢伽雷病已经将你永久固定在轮椅上，你不认为命运让你失去很多的出路吗？”一次学术报告后，一名记者对数学大师提出这样的问题。大师的脸上充满微笑，用他还能活动的3根手指，艰难地叩击键盘：

我的手指还能活动；

我的大脑还能思维；

我有终生追求的理想；

我有爱我和我爱着的亲人与朋友。

3根手指和一个能运转的大脑是霍金身上全部能动的部件。作为人生的强者，智慧的模范，除了自身过人的意志，他还有什么独门绝技呢？答案是：爱和高科技。

正是许多人的爱，医学的发达，经济支持的强大，帮助霍金扼住了卢伽雷病的喉咙，将自己的生命无限延展！

对计算机的学习掌握，让他有了比自己身体能干千万倍的得力助手，即使他仅有3根微弱的手指，仍能问鼎科学桂冠。

成功的喜悦，胜利的光环，常常会令人忘乎所以，但是，我们永远不应该忘记那些帮助过自己的人。

所以，这个如今完全可以傲视人生的人，又艰难地打出了第五句话：对了，我还有一颗感恩的心！

## 故事微语

感恩是一种处世哲学，是生活中的大智慧。

世事变幻，每个人的一生都不可能一帆风顺，就好像有人拿心电图搞笑说：要想平安无事，除非你挂了。

人在旅途，总是会遭遇大大小小的坎坷、曲折。如果有人能够在物质或精神上给你一点援助，困难便会缩小，自己的感受就不至于太孤独无助，这就是温馨人情的魅力所在。

危困时刻，受人援助；经人指点，方向明晰；甚至有幸踩着他人肩膀、身躯跃进……对收受的点滴之恩，我们都应该淡看世事去如烟，铭记恩情存如血，积极予以回报。如此你来我往，将感恩的美德遍洒每个角落，社会上就会鼓荡起和谐温馨之风。

感恩生育你的人，否则你无从体验生命；感恩抚养你的人，为你的健康成长他人付出了无数的心血；感恩帮助你的人，感恩关怀你的人，感恩鼓励你的人……所有为世界带来正能量的人，我们都应该心存感激，他们让世界光明美好。

## 心灵箴言

孝子之至，莫大乎尊亲。

——孟子

妈妈你在哪儿，哪儿就是最快乐的地方！

——英国谚语

世界上的一切光荣和骄傲，都来自母亲。

——[苏联] 高尔基

成功的时候，谁都是朋友。但只有母亲——她是失败时的伴侣。

——郑振铎

母亲啊！你是荷叶，我是红莲，心中的雨点来了，除了你，谁是我在无遮拦天空下的荫蔽？

——冰心

全世界的母亲多么的相像！她们的心始终一样。每一个母亲都有一颗极为纯真的赤子之心。

——[美] 惠特曼

# 父爱，伟岸如青山

## 故事话题

吴天明是中国第四代导演的杰出代表，被称为“电影教父”。他执导的《老井》《变脸》《没有航标的河流》等都是中国电影史上的经典之作，并亲手栽培了张艺谋、顾长卫、黄建新等第五代最优秀的导演。吴妍妍是他的独生女儿。

这位知名导演在专业领域成果累累、杀伐决断，可对于个性十足的女儿却无计可施。在女儿职业问题上，吴天明大伤脑筋，最终尊重并认同了女儿的选择……

吴妍妍高中毕业后，吴天明就把她送到美国学习服装设计。他认为，女儿长得漂亮，从小喜欢好看的衣服，适合服装设计这种舒适体面的行业。可他不知道，女儿到美国后很快私下改学了表演专业。

“因为我喜欢。这些年我总是觉得心里缺些什么，随着年龄成熟才意识到，自己原来一直热爱表演与电影。爸爸，你想想，一个人若活到六十岁，还在感叹这辈子从没做过自己喜欢的事，心里该有多么遗憾！”女儿这番话似乎触动了吴天明。他知道，女儿骨子里其实与自己一样，都是要命的倔强，那就让她去锻炼吧！

吴妍妍回国后吴天明从不援手，一是想让年轻人多历练，二是不愿授人以柄被人说三道四，三也是盼望女儿知难而退。

吴妍妍理解父亲，从不轻易求助。她凭着聪明才智、真诚热情的人格魅力、美国留学的经验以及知识理念，很快打出了一片天地。

## 故事解析

在很多关于名人的成长典故中，都有着名人与父亲的纠葛。可能是作对，可能是协同，可能是好朋友，也有一些会脱离父子关系。无论是什么样的演变，不变的是父亲对子女的关注、爱惜。

因为绝对的关爱，父亲会干涉你，而且认为理所当然。

曾看过一篇文章，作者是个国外的女孩，应该是美国的小女孩，她把自己的父亲比作冰箱里的灯，并说，谁也不知道，冰箱门关上后那盏灯在干什么。

这又是一个很好的对父爱的比喻，父爱一直都在，无论你是否需要，是否意识到，是否打开冰箱。

一个背影，就曾经让朱自清潸然落泪；一个眼神，往往让我们终生铭记；一片沉默，却总能让子女感受到无尽的力量。

这就是父爱，静默无言，饱含深情。

## 故事穿越

丹麦童话作家安徒生出生在富恩岛上一个叫奥塞登的小城镇上，那里有不少贵族和地主，而安徒生的父亲只是个穷鞋匠，母亲是个洗衣妇。贵族地主们怕降低了自己的身份，从不让自己的孩子和安徒生一起玩。

安徒生的父亲对此非常气愤，但一点也没有在孩子面前表露，反而十分轻松地对安徒生说："孩子，别人不跟你玩，爸爸来陪你玩吧！"？

父亲亲自把安徒生简陋的房间布置得像一个小小博物馆，墙上挂了许多图画和做装饰用的瓷器，橱窗柜上摆了一些玩具，书架上放满了书籍和歌谱，就是在门玻璃上，也画了一幅风景画。

父亲还常给安徒生讲《一千零一夜》等古代阿拉伯的故事，有时则给他念一段丹麦喜剧作家荷尔堡的剧本，或者英国莎士比亚的戏剧本。？

为了丰富安徒生的精神世界，父亲还鼓励安徒生到街头去看埋头工作的手艺人、弯腰曲背的老乞丐、坐着马车横冲直撞的贵族等人的生活，这些经历为安徒生以后写出《卖火柴的小女孩》、《丑小鸭》等童话故事打下了很好的基础。

## 故事微语

贫穷之所以是最好的老师，就是因为有那些困于贫穷又不失生活信念、乐趣的长辈们对我们的谆谆教诲，言传身教。

安徒生的父亲不畏贫穷的生活，全力培养安徒生健康幸福成长，是安徒生日后获得成功的良好开端。

普世的价值观对男性的要求是很高的，他们都担负着养育家庭的重担。每个做父亲的都必须努力在外打拼，为家庭挣得面包、牛奶，都是很辛苦的。

一个父亲除了自己的工作、任务，还能够很好地与子女互动，是难能可贵的，作子女的更要珍惜。

父爱神圣而无私，严肃而伟大，以特有的沉静的方式影响我们。父亲是力量的象征，带给我们安全感、教会我们勇于承担。

苦与乐、悲与欢，一点一滴就这么平淡而温情地渗透进生活每一天的日出日落里。父子之情、父女之情，同样可以散发出坚强的光辉。

## 心灵箴言

了解自己孩子的父亲是明智的父亲

——[英] 莎士比亚

在儿子面前，我不是总统只是父亲。

——[美] 罗斯福

父亲是一个银行，发行知识，支付爱……

——马英九

在孩提时期，我不能想象还有什么需要比父亲的保护更强烈。

——[奥地利] 佛洛依德

父爱是一部震撼心灵的巨著。读懂了它，你也就读懂了整个人生。

——[苏联] 高尔基

爸爸是什么样的人并不重要，重要的是我心目中的爸爸是什么样的人。

——[美] 安妮·塞克斯顿

父爱同母爱一样的无私，他不求回报；父爱是一种默默无闻，寓于无形之中的一种感情，只有用心的人才能体会。

——琼瑶

# 兄弟齐心，人生战场上最可靠的帮手

## 故事话题

从前，吐谷浑国的国王阿豺有20个儿子，个个都很有本领，但是他们自恃本领高强，不把别人放在眼里，经常争斗，喜欢互相讥讽，背后相互说坏话。

阿豺用尽各种办法依然无济于事。有一天，久病在床的阿豺预感到死神就要降临了，他也终于有了主意。

他把儿子们召集到病榻跟前，吩咐他们说："你们每个人都放一支箭在地上。"儿子们不知何故，但还是照办了。阿豺又叫过自己的弟弟慕利延说："你随便拾一支箭折断它。"慕利延顺手捡起身边的一支箭，稍一用力，箭就断了。

阿豺又说："现在你把剩下的19支箭全都拾起来，把它们捆在一起，再试着折断。"慕利延抓住箭捆，使出了吃奶的力气，咬牙弯腰，脖子上青筋暴起，折腾得满头大汗，始终也没能将箭捆折断。

阿豺缓缓地转向儿子们，语重心长地开口说道："你们也都看得很明白了，一支箭，轻轻一折就断了，可是合在一起的时候，就怎么也折不断。你们兄弟也是如此，如果互相斗气，单独行动，很容易遭到失败，只有20个人联合起来，齐心协力，才会产生无比巨大的力量，可以战胜一切，保障国家的安全。这就是团结的力量啊！"

儿子们终于领悟了父亲的良苦用心，想起自己以往的行为，都悔恨地流着泪说："父亲，我们明白了，您就放心吧！"

阿豺欣慰地点了下头，闭上眼睛安然去世了。

## 故事解析

朋友是一时，兄弟是一辈子的。父母会撒手人寰，留下的是兄弟姐妹。

血浓于水，在你有危难的时刻，真正会携手相助的唯有亲生弟兄。

往事如烟，随风飘逝。兄弟姐妹情不会随着岁月老去，但它会在记忆的深处熠熠发光。同胞兄弟姐妹彼此间的那种融合，彼此间的那种深情，以及那份心的牵挂，任何文字在此都会显的苍白。

这就是手足情，一种与生俱来的感情，不需要像爱情一样去培养，不需要像友情一样去选择。

有了兄弟姐妹，人才会在痛苦时有一种心的寄托，有了兄弟姐妹，人才会在失意时不感到孤独，有了兄弟姐妹，人才感觉到家的味道更浓了。

人生在世，能成为亲兄弟亲姊妹，应该是几世修来的缘分，兄弟姊妹之间本应该互相尊重，互相敬爱，互助合作。

漫漫人生路，父母兄弟姊妹要和睦，彼此互敬互让，用理解、宽容、体谅和关怀做铺垫，风雨同舟走过每一天。

## 故事穿越

病房里有个患尿毒症的乡下女孩，名叫小小。女孩自小失去父母，哥哥是哑巴，一手把她拉扯大。家里钱都花光了，哥哥不肯看着妹妹在家等死，用自己做的小木车，一路风餐露宿，推着妹妹来到省城大医院。

医生被他们的兄妹真情感动，院方研究决定免费为女孩做换肾手术。这捐肾人，自然就是她的哑巴哥哥。

医生带哑巴哥哥去做配型检查，一切都很顺利，手术时间也迅速确定下来。医生把哑巴哥哥带到办公室，打了半天手势，说得满头大汗，哑巴哥哥这才明白是咋回事。

没想到，当天下午，哑巴哥哥就失踪了。

由于担心小小受不了这个打击，医生和护士都没有在她面前问起哥哥。尽管这样，小小从大家的脸上也看出来了，脸上再也看不见笑容，整天只是默默地流泪。

手术时间很快就到了，这时，一个人急匆匆地冲进病房。一看，居然是失踪多日的哑巴哥哥。

原来，哑巴哥哥并不是丢下妹妹跑了，而是回家给妹妹准备好手术后的一切。他以为把自己的肾换给妹妹，自己就要死了。

## 故事微语

一场“误会”让所有人都虚惊一场，医生急坏了，因为没有肾源就无法手术；小小伤心了，因为她以为哥哥不要她了。而让所有人都大吃一惊的是，哑巴哥哥原来马不停蹄地忙碌着“身后事”。

甘愿以自己的生命换取妹妹的生命，在“死前”尽自己所能，为妹妹减轻今后的生活负担，这样的一份兄妹情，让所有人感动。

兄弟姊妹是同胞亲人，在我们需要帮助的关键时刻，挺身而出的一定会有我们的兄弟姐妹。因为我们生活在同一个时代，受到相同的教育，更重要的是我们是一家人，我们身上流淌着同样的血，这就注定我们必然会互相关怀与帮助。

电影《我的兄弟姐妹》中，酷酷的崔健，甜美的梁咏琪，威武的姜文，聪慧的夏雨，整部电影“星”光满天。但比“星”光更耀眼的是什么呢？就是伟大的亲情！

## 心灵箴言

兄爱而友，弟敬而顺。

——《左传·昭公二十六年》

家庭应该是爱、欢乐和笑的殿堂。

——[日] 木村久一

亲人帮亲人，无亲来帮愁煞人。

——英国谚语

骨肉之间，多一分浑厚，便多留一分亲情，是非上不必太明。

——黄宗羲

兄弟情在我过去的生活里就象一盏明灯，照彻了我的灵魂，使我的生存有了一点点光彩。

——巴金

# 不曾停止，亲情一直都在

## 故事话题

我国著名笑星赵本山从小就是个苦人儿。他出生在1958年这个“大跃进”的年代，注定了他要与苦难结缘。

从降生开始，本山就开始挨饿。由于严重缺乏营养，母亲的奶水不足。看着孩子饿得“吱哇”直叫，爷爷舍上了老脸抱着他东家走西家串地要奶吃。可以说，赵本山是吃百家奶长大的。也许正是因此才使他能有非同凡人的灵性。

他4岁的时候，在生产队里当“大嫂队长”的母亲因劳累过度、积劳成疾，撇下了丈夫和孩子撒手而去。幼年丧母是人生最大的不幸，就在他妈去世的那天，小本山一不小心坐进了火盆里，烧了一屁股大泡。

没了妈的本山，在爷爷和哥姐的照顾下一点点地长大。家人虽然很疼爱本山，但毕竟代替不了母爱。母爱的缺失，是本山心里永远的痛。

本山7岁的时候，父亲赵德仁因为和队长打架，被迫背井离乡，到黑龙江去谋生，只留下本山的爷爷带着4个孩子过日子。开始的时候，爷爷还能勉强照顾几个孩子。后来爷爷老了病了，白天，哥哥、姐姐去参加劳动，把小本山一个人扔在家里，他成了不是孤儿的孤儿。

幸好村里还有不少本山的亲属，在一定程度上担当了照顾这个没娘孩子的职责。后来，他拜同学母亲为干妈，住到干妈家，笑容才一点点出现在他脸上。

## 故事解析

中国俗语说：乡里相亲；一方水土养一方人，远亲不如近邻……都是在说人们相互之间天然存在的相帮相助的心理、习俗，低头不见抬头见的，共同呼吸在同一片蓝天下，情谊、联系自然生长，方圆一片，亲如一家。

笑星赵本山就是得益于这样的风土人情，使得幼年丧母的他茁壮成长，汇受百家之恩，激起奋发图强的雄心壮志，感恩众相亲。

亲情是荒寂沙漠中的绿洲，当你落寞惆怅软弱无力干渴病痛时，看一眼已是满目生辉，心灵得到恬适，于是不会孤独，只会疾步上前。只需一滴水，滚滚的生命汪洋便会漫延心中。

亲情是黑夜中的北极星。曾经因为一心向目标追逐而忽视它的存在，直至一天我们不辨方向，微微抬头，一束柔光指引我们迈出坚定的脚步。

亲情是航行中的一道港湾，当我们一次次触礁时，缓缓驶入，这里没有狂风大浪，我们可以在此稍作停留，修补创伤，准备供给，再次高高扬帆。

## 故事穿越

一个孩子很早就失去了母亲，父亲是他唯一的亲人。7岁那年，父亲说要去50里外的黄海边挣钱给他买“军舰”，把他寄养在邻居沈阿婆家里，就与几个同乡出发了。谁知，他一去无返。

许多天后，村里来了一位陌生的男人。村干部把男孩领到他面前，让男孩跟他回家，做他的养子。几个与父亲一起赶海的叔叔偷偷把他拉到一边：“就是这个人害死了你爸爸！”

男孩成了黄海边上的新村民。养父对他很好，可他总以为是假仁假义。有时养父把好东西留给男孩而不给自己的儿子吃，男孩会以为这里面一定有毒。

后来男孩如愿收到了化工学院的录取通知书，养父兴师动众大宴亲朋，因为太激动不顾自己有高血压而多喝了酒。在那次醉酒之后，便一病不起，不久就去世了。哥哥继续供养男孩上大学。

男孩毕业了，哥哥让他出任家办厂厂长，男孩终于爆发了，说自己不亏欠他们，他们做的一切都是在赎罪。

哥哥拿出照片和领养证，说当年男孩爸爸是被潮水卷走的，养父不放心孩子专程跑去领养了男孩。

## 故事微语

十几年来，男孩被仇恨蒙蔽，对养父一家态度漠然，但大哥对他却始终如亲弟弟般疼爱，自己挨苦受累也不让他受一点苦。是大哥的善良、宽厚与包容，给了他无边的亲情，也给了他醒悟和感恩的机会——让他还来得及报答大哥的恩情。

因为人心相通，亲情其实不是必需有血缘。因为同为天涯沦落人，所以惺惺相惜，相互关爱。

亲情是第一次的付出，又是永久的给予，是一种不求回报的阳光沐浴，一种渴望平安的永恒。

亲情是思念的起始，没有终点，是一种对家的眷恋，有一种对团圆的渴望。

亲情是一种无法言喻的情系，感情的最高的境界是亲情，无论是那血浓于水的事实，还是那份牵念，就足以化却你冷若冰雪的心灵。

日转星移，唯有亲情永不变；天涯海角，只有亲情永相随。世上纵有千般爱，唯有亲情最博大。

## 心灵箴言

父子不信，则家道不睦。

——武则天

生活中最大的幸福是坚信有人爱我们。

——[法] 雨果

没有哪里比巴格达城更美丽，没有人比母亲更可信赖。

——伊拉克谚语

人们听到的最美的声音来自母亲，来自家乡，来自天堂。

——[英] 威·布朗

回到父母身旁，看着儿时的照片，更觉得往事如昔，光阴似箭。但愿我们能多花时间陪陪最爱的亲人。

——陈雨黎

# 滴水之恩，当涌泉相报

## 故事话题

几年前，海蕾的父母正在美国佛罗里达州度假，不料母亲突然临盆，被直升机紧急送往医院。可怜的小海蕾，仅在母体中孕育 23 周，就仓促出世。她的体重仅为 709 克，只有肺部发育完整，被称作“拇指婴儿”。

医生说海蕾最多只能存活几个小时。母亲泪如雨下，祈求医生救救女儿。父母和医务人员竭尽全力想尽办法，奇迹诞生了，小海蕾存活了下来。

海蕾渐渐长大，慢慢意识到自己与小伙伴的“差距”。她发脾气、闹情绪，甚至不想活了，谁劝都没有用。

母亲最后说：你不能用上帝的错误惩罚你自己以及爱你的人！你知道吗？为了让你活下来，整整 16 周，没有人休息，医生们没日没夜地抢救你。你的每一丝安危都牵动了所有人的心……你必须带着感恩的心好好地活下去，只有这样才能安慰所有的人，包括一时疏忽的上帝。

海蕾不再哭闹，开始每天微笑着面对冉冉升起的太阳，锻炼身体，学习身体力行地去帮助别人，心灵越来越充实。后来，她的健康状况竟然完全恢复了正常。

父母喜极而泣。小海蕾兴奋地说：“妈妈，你是对的，用感恩的心好好活着，上帝也会被感动。它纠正了自己的错误。”

## 故事解析

心怀感恩，就能创造奇迹。

小海蕾由谁都不看好的拇指婴儿到正常健康的花季少女，期间的艰辛、痛苦、绝望、挣扎难以想象。正是树立了感恩情怀，加上亲朋好友的齐心协力，即使是上帝的错误，也得到了纠正。

反观我们的时代，貌似前所未有的美好，但价值观却下降了。我们都知道“此仇不报非君子”，却不知“滴水之恩，当涌泉相报。”

父母以及其他的亲人为我们付出的并不是小小的“一滴水”，而是浩瀚的大海，他们的爱包围着我们，让我们免于受到任何的伤害。

那么我们是否应在父母劳累一天后递上一杯暖茶，或是在他们生日时递上一张祝福的卡片，又或者在他们失落时奉上一番问候与安慰？他们将所有的心血、精力都倾注在我们的身上，而我们又何曾记得他们的生日，体会他们的劳累，察觉到那缕缕银丝，那一道道皱纹？而对于身边其他的亲人我们又是否体会到了他们的关怀，对他们报有感恩之心呢？

知恩图报的千年古训碰撞到今天的新观念时产生了一些摇晃，相信经过时间的历练，传统美德会和现代理念有完美的融合，得到进一步的升华、提高。

## 故事穿越

神话传说里面有一层遥远飘渺的离恨天，在那里的一个角落，有一株绛珠仙草。因为风雨不调，它茎叶俱损，残喘苟活。

在它一息尚存的时刻，一位神瑛侍者翩然而过，看到即将枯萎的仙草，停身驻足感慨唏嘘地给它灌足了琼浆玉露，于是她顺利成活、修养，最终得以变幻人形，化作了绛珠仙子。

绛珠仙子对浇灌救命之恩没齿难忘，为了报答神瑛侍者的恩情，她毅然随着投胎转世的神瑛侍者一同来到了人间。

人世红尘滚滚，纷繁嘈扰，只有晶莹剔透的泪珠涌自心扉，纯粹无染，绛珠仙子决心耗尽人形毕生的泪水方可作为回报。

这就是文学经典《红楼梦》里男女主人公的爱情本源，神瑛侍者和绛珠仙子即贾宝玉和林黛玉。从两人相识相知相惜相恋直到第一百二十回，林黛玉果然将自己水晶一样的眼泪和爱情毫无保留地馈赠与贾宝玉，芳龄年华眼泪便抛撒殆尽，香消玉殒。

## 故事微语

悲凉的故事炫耀着唯美的光华，彻头彻尾的爱情悲剧因以一生的眼泪偿还恩情的方式彰显出脉脉温情。流淌不止的生命河流因为这样的主题而变得厚重、凄美、有价值、有意义。

有恩必报这样的主题虽然有些许的功利性，但是在这个已经商业化的社会中，这样的主题时而被强调一下还是很有必要的。

生活不是故事，自然不会有那么多温情、唯美的内容存在，但是故事本身所具有的意义和主旨很值得我们用心去体会。

台湾作家林清玄在他的文字中常常呼吁大家应该有一颗“乐受的心”，一颗佛心、一颗感恩的心。常怀感恩的心，可以在烦躁的都市生活中寻找到安宁、愉悦。

我们常说“赠人玫瑰、手有余香”、“滴水之恩、涌泉相报”，这样有来有往的现实主题让每一刻不安的心看的见花开草长、莺飞燕舞、空山松子落，听得见风萧雨淅、虫鸣鹤唳、清泉石上流。

## 心灵箴言

鞠躬尽瘁，死而后已。

——诸葛亮

人家帮我，永志不忘；我帮人家，莫记心上。

——华罗庚

卑鄙小人总是忘恩负义的：忘恩负义原本就是卑鄙的一部分。

——[法] 雨果

蜜蜂从花中啜蜜，离开时营营的道谢。浮夸的蝴蝶却相信花是应该向他道谢的。

——[印度] 泰戈尔

不管一个人取得多么值得骄傲的成绩，都应该饮水思源，应该记住是自己的老师为他们的成长播下了最初的种子。

——[法] 居里夫人

第二篇

# 感恩友情，为我们撑起一片晴天

朋友，是慰藉我们心灵的伙伴，是陪伴我们成长的益友。在每个人的成长阶段中，朋友都充当了重要的角色。感恩友谊，并不是简单地感谢他们的付出，更重要的是，朋友，为我们带来的温暖，和那一片真情。

# 好友相伴，世上就没有漫长无味的旅途

## 故事话题

1999 年 9 月，英国广播公司（BBC）评选“千年第一思想家”，在全球互联网上公开征询投票一个月，结果是，马克思位居第一，爱因斯坦第二；2005 年 7 月，BBC 以古今最伟大的哲学家为题，调查了 3 万名听众，结果是马克思得票率第一、休谟第二。

而马克思的非凡成就离不开朋友的鼎力支持，他与恩格斯的友谊堪称人类友谊的典范。

1842 年两人第一次会晤，之后的 40 年里，在领导国际共产主义运动的斗争中，他们一直并肩作战，患难与共。曾经，革命情势决定他们身处两地近 20 年，而他们的友谊不仅未因之疏远，反而有了更为密切的联系：几乎每天通信，谈论种种政治、科学问题，一同指导国际无产阶级革命运动。

恩格斯生病时，马克思时时挂在心上，写信说：“我关切你的身体健康，如同自己患病一样，也许还要厉害些。”为了马克思能够全心全意地进行革命理论研究，恩格斯不惜违背自己的本意，去从事“鬼商业”工作。

马克思与恩格斯之间的崇高友谊，列宁赞扬其“超过了古人关于友谊的一切最动人的传说”。

## 故事解析

以道德为标准，朋友关系可概括为益友、损友、诤友和谀友四种。

益友，是能够与你共同进步、有所补益的朋友。诤友，是能够直言说出你缺点，有助于你及时改正错误的朋友。损友，是一种刻薄、有害的朋友。谀友，是专事谄媚、奉承，以此来获得好处的朋友。

《论语》里说：“友直，友谅，友多闻，益矣”。交朋友的时候。要多亲近那些能够做益友、诤友的人，远离那些身上有损友和谀友特征的人。好的朋友会对你的成熟、发展产生助益的作用。

即使是成就斐然的马克思，也并不是单枪匹马的一个人，他的成功里面，良师益友的支持、帮助占有相当的分量。而之所以马克思于友情受益良多，他的善于感恩是很积极的推动因素。他对朋友报还以更大的关心与赞誉。

《资本论》第一卷付印时，马克思热情洋溢地致词恩格斯：其所以能够如此，我只有感谢你！没有你为我的牺牲，我是绝不可能完成三卷书的巨大工作的。我满怀感激的心情拥抱你。

一个人在自己漫长的生涯旅途上，潜心经营“人情、人脉、交情”是不可避免的，交友状况的优良是对自己智慧的考验。而积极热忱的感恩、回馈，是维系友谊最好的催化剂。

## 故事穿越

管宁，东汉末年高士，远祖是春秋时代的贤相管仲，自幼好学，饱读经书，一生不慕名利。他与华歆是学友，两人都很出色。

他们常常一边读书，一边劳动。一天，两人在园中锄菜，突然管宁的锄头翻铲出一块黄金。两人平时读书养性，就是想要摒除人性中的贪念，不为外财所动，经常以此相标榜。此刻，管宁对黄金视若无睹，用锄头拨到一边继续锄地。华歆却忍不住跑去拿起了黄金，可是碍于管宁不屑的目光，只好又扔掉了。

过了几天，正当两人在屋里读书时，门外街道上传来阵阵马蹄声，接着是敲锣打鼓，很热闹。管宁充耳不闻，仍在读书。华歆闻声嚯地一声站起来，立窗前观看，对通过的贵人车队艳羡不已。

看完车马华歆欲坐回席上，但管宁拿着一把刀子割断了席子：我们不是朋友了。

## 故事微语

经典的炼成是有其道理的。这个典故就是在赞许管宁追求志同道合朋友的勇气。朋友一定要能为自己带来正能量，至少不会形成负面效应，反之，就要快刀斩乱麻，尽早理清。

人是社会关系的总和。我们每个人都身处复杂的社会环境，无法超脱，只有动用智慧调整自己，恰当地生存其中。趋利避害，寻找、营建自己的人脉网是每个人的必修课。

能够获得更多人的正能量才可能收获更大的成就。交朋友就不能怕人多路远，天涯海角存知己，走到哪里都是家。

朋友不是想交就能交上的，随时交到的朋友很少能经得住时间、困难的考验。

朋友需要用心经营，用你的无知满足自己的，不是朋友；只听美言不听批评的，不是朋友；忽冷忽热、若有若无的，不是朋友。

悉心感受，敏感把握，每个人都可以有自己真正的朋友。

做个有心人吧！去享受有朋友的愉悦，合适的朋友会极大地充盈你的生命，使之精彩纷呈。

## 心灵箴言

居必择乡，游必择士。

——《荀子》

友谊是一种和谐的平等。

——[古希腊] 毕达哥拉斯

有很多良友，胜于有很多财富。

——[英] 莎士比亚

友谊是精神的融合，心灵的联姻，道德的纽结。

——[美] 佩恩

人的生活离不开友谊，但要得到真正的友谊才是不容易；友谊总需要忠诚去播种，用热情去灌溉，用原则去培养，用谅解去护理。

——[德] 马克思

# 真正的朋友是关键时候拉你的那只手

## 故事话题

一只小羊在山坡玩，一头狼默默向它逼近，小羊发现了狼欲逃，狼一下扑了过来，小羊躲闪着，拼命呼救。

不远处吃草的牛听到呼救，朝这边望了一眼，跑走了；正在晒太阳的猪打了个滚起来，瞄见狼，吓得冲下山坡；一匹马正上山坡，一看这局势立马撒腿窜了；草地边的灌木丛里面两只兔子急急忙忙躲回了自己的洞穴。

只见狗气喘吁吁地从山坡下奔上来，跃起咬住了狼的脖子，狼被咬出血，痛急之下甩掉狗溜了。

小羊泪汪汪地踱过来感谢狗的搭救，过度惊吓它晕倒了。等它醒来，已经是在自己的草垛上。周围一圈站着牛、猪、马、兔子。

牛：怎么不叫我！我头一顶就让狼开膛破肚！

猪：羊妹妹关键时刻怎么把我忘了！我拱一嘴就让狼疼得告饶！

马：我不知道啊！让我看见怎么着不踏它个稀巴烂！

兔子：我家就在旁边，再有这种事你就躲进来嘛！

小羊有气无力地环视一圈，伸手接住了狗递进来的一杯水。

## 故事解析

大千世界，光怪陆离，真假难辨，菁芜并存，很多时候，人们会被表象迷惑，或者自身力量有限无法识别真伪恶善。日久见人心，朋友的识别是需要一个过程的，越是性命攸关的时刻，越能考验出友谊的质量。

小羊经过一番生死挣扎，确信了与狗的友谊，认清了一些虚伪表象，积累了生活经验。

真正的友谊不是当面的奉承、夸耀，而是实实在在的帮助。这种帮助可能是物质的，也可能是精神上的，抚慰、鼓励、分享快乐、分担忧愁……

真正的友谊不等于整天黏在一起，干扰个人独立的生活，而应该是淡如水，是用心的关注、关怀，无论何时何地，都在那里，时空不能减免。

真正的友谊能给你心灵上的安宁，宠辱不惊，施展自我。朋友间良好的互动带来的只能是共赢同进的美好情境。

真正的友谊让你受益良多，不知不觉激发你感恩的良好素养，记心图报。

## 故事穿越

有一对非常要好的朋友，一个是瘦高个，一个是矮胖子。一次，两人一起旅行。在一座山上，鸟语花香，空气新鲜。他们凭空远望，欣赏风景，这时，一只大黑熊吼叫着冲过来。

情急之下两人开始狂奔，边跑边喊救命。正值旅游淡季，山上人迹罕至，没人前来。瘦高个慌乱地爬上了大树，矮胖子也想上去，却爬不动。

矮胖子仰望朋友：搭把手，我应该能上去。

你比我重，我一拉你自己就掉下去了，怎么拉！瘦高个咆哮。

大黑熊追了上来，向矮胖子逼近。矮胖子灵光一闪想起听人说过，熊不吃死人，他便倒地装死。大黑熊围着矮胖子闻了一会儿，掉头走了。

瘦高个看熊走远了，慢慢滑下树：你吉星高照啊，死里逃生了！……熊在你耳朵边凑了好一阵子，是不是跟你传授什么秘诀了！嘿嘿。

熊提醒我，不要跟自私鬼一起旅行！矮胖子摔下这么一句话就下山去了。

## 故事微语

第一次看这个故事的时候真的是心惊肉跳，朝夕相处的朋友居然可以眼睁睁地看着自己死亡而一人苟活。

我们应该多多地看看别人的生活，多多读读他人的人生智慧，好让自己的人生能够更明智、顺利。看完这则小故事，你是不是有检视自己朋友的想法，或者想要思虑清楚朋友这个概念。

滚滚红尘，茫茫人海，佛曰：前世的五百次回眸，换来今生的擦肩而过。现今，交到一个朋友，难！交到一个真心的朋友，难上加难！

真正的好朋友，不是一见面就有聊不完的话，应该是即使在一起时沉默，心里仍很踏实。

不要把时间花在一个不在乎你的人身上。真正的朋友会握住你的手，触及你的心。

## 心灵箴言

真正的朋友应该说真话，不管那话多么尖锐……

——[苏联] 奥斯特洛夫斯基

朋友间必须是患难相济，那才能说得上是真正的友谊。

——[英] 莎士比亚

你不要把那人当作朋友，假如他在你幸运时表示好感。只有那样的人才算朋友，假如他能解救你的危难。

——[伊朗] 萨迪

交朋友要交有义气的人，正如聪明的医师治病前必须切脉考察病根，交朋友也必须考查对方的品德，否则是危险的。

——[阿拉伯] 伊本

# 友爱，照亮我们黑夜的唯一光亮

## 故事话题

曹丕撰文说“文人相轻”，但唐代有两个文人为我们留下了“文人相亲”的佳话。他们是白居易和元稹。二人均为新乐府运动的倡导者，有相同的文学观点，相近的作品风格，在中唐诗坛影响很大。

元和十年(公历 815 年) 正月，白居易与元稹得遇人生之一大喜事：他乡遇故知，二人久别重逢于长安。两人经常通宵达旦畅谈、吟诗酬和。但时隔不久，元稹直言劝谏，触怒了宦官显贵，三月被贬为通州司马。

同年八月，白居易要求追查宰相武元衡被藩镇军阀李师道勾结宦官暗杀身亡一案，遭权臣谗言陷害，被贬为江州(今江西九江) 司马。两人的友谊历经患难，愈挫愈坚，有诗为证。

两地相隔千里，通信很困难。白居易作诗一首，其中四句云：晨起临风一惆怅，通川湓水断相闻。不知忆我因何事，昨夜三更梦见君。作者不直述自己苦思生梦，反以元稹为念，问他忆我因何事，表现了作者对朋友的无限挂念，心有灵犀的深情厚谊跃然纸上。

元稹收到白居易的诗后当即赋诗一首《酬乐天频梦微之》，“山水万重书断绝，念君怜我梦相闻。我今因病魂颠倒，惟梦闲人不梦君。”元诗反其道而行之，以不曾入梦，不能入梦来写思友的凄苦心境。

## 故事解析

父母终归会离我们远去，其他亲人也各有自己难念的经，我们最终能够依靠的只有自己。而结识良师益友，相互间且行且珍惜，方是人生常态。

翻阅《唐诗鉴赏辞典》，你会发现，表现朋友间情谊的诗作中，元稹和白居易的数量最多。这些血泪凝结之心声高唱出遭遇官场劫难时友情的高贵和伟大。

名人之间超越距离、荣辱与共的友情，他们的友情于天各一方的灵犀相通的默契，他们的诗歌照亮的友谊的光辉殿堂令人震惊。

友谊是暴风雨中的相扶相携；友谊是考试失利的安慰；友谊是茫茫黑暗里的牵手；友谊是饥饿时的一块夹心饼干。

友谊是交互的，只有单方的付出，友谊之花必然枯萎。有朋友不开心，主动表示关心，以温柔眼神注视，问一声：“你好吧?”朋友有困难，以真诚眼神注视，主动询问：“我能帮忙吗?”就能让朋友的心灵多一份宽舒。

可以什么都不说，默默倒杯水，轻拍朋友的肩背，就能将友谊传递予她，带来春天的温暖。每个人都有这样的情感需求。

友谊不是永动机，不会天然地和谐平顺。只要是真诚地对待朋友，即使因为志趣不合，分道扬镳，曾经的美好友谊给予我们心灵的洗礼仍是珍贵的。

孔子曰：己所不欲，勿施于人。《圣经》有云：要想别人怎样待你，你就怎样去待别人。这些就是交友真谛。珍惜友谊就是珍惜自己!

## 故事穿越

暑假里，张军和刘亮约好一起去爬山。当他们终于攀上了山顶四处眺望时，发现远处城市中白色的楼群在阳光下变成了一幅画。抬头仰望，蓝天白云，微风轻轻吹来，充满了诗情画意。

素日里，他们是最好的朋友，但是平时由于忙碌，很少有这样的机会一起叙旧、谈天，这可真是一次难得的旅游和享受。两个人手舞足蹈，高兴得像小孩子，十分放松！

突然，刘亮不小心一脚踩空，高大的身躯打了个趔趄，随即向万丈深渊滑去。周围是陡峭的山石，没有手抓的地方。

就在那一瞬间，张军立即明白发生了什么事情。他下意识地一口咬住了刘亮的上衣，但同时他也惯性地被刘亮迅速地拖到了悬崖边上。仓促之间，张军抱住了一棵树。

刘亮悬在空中，张军牙关紧咬，他们就像一幅画，定格在蓝天白云大山悬崖之间。张军不能张口呼救，一个小时之后，过往的游客发现并解救了他们。当时，张军的牙齿和嘴唇早被鲜血染得鲜红。

## 故事微语

朋友之间的爱是真挚的，没有权力与利益的博弈，无须大肆渲染，无须虚情假意，也无须唯美的表达方式。

无论缘分多与少，在真正的朋友面前，我们不用伪装自己；在很多年没见的时候，我们还是很默契，如同从未离开。

朋友是你可以信赖、依靠的人，你可以把内心的痛苦统统地讲给朋友听，你可以在朋友的肩上放声大哭，而朋友就是你最忠实的听众。

我们也要像朋友对待我们一样地对待朋友，朋友遇到困难时，我们要积极地伸出友爱的手，去帮助他们。

我们应该保持一颗平常的心，去感恩朋友，感恩朋友像阳光一样给予我们温暖，感恩朋友像春风一样带给我们凉爽。

## 心灵箴言

虽有兄弟，不如友生。

——《抱朴子·交际》

一个人没有好朋友，就不会看到自己的缺点。

——苏联谚语

有朋友的人像平原一要宽广，没有朋友的人却像窄狭的手掌。

——蒙古族谚语

世间最美好的东西，莫过于有几个头脑和心地都很正直的朋友。

——[美] 爱因斯坦

我们想的是如何养生，如何聚财，如何加固屋顶，如何备齐衣衫；而聪明人考虑的却是怎样选择最宝贵的东西——朋友。

——[美] 爱默生

# 感激朋友，谢谢你走入我的生命

## 故事话题

春秋时代，有个叫俞伯牙的人，精通音律，琴艺高超，是当时著名的琴师。

俞伯牙年轻的时候聪颖好学，曾拜高人为师，琴技达到相当水平，但他总觉得自己还不能出神入化地表现对各种事物的感受。他的老师知道他的想法后，带他乘船到东海的蓬莱岛上，让他欣赏大自然的景色，倾听大海的波涛声。

伯牙举目眺望，只见波浪汹涌，浪花激溅；海鸟翻飞，鸣声入耳；山林树木，郁郁葱葱，如入仙境一般。一种奇妙的感觉油然而生，他情不自禁地取琴弹奏，音随意转，创作出全新的曲目。

一夜，伯牙乘船游览。面对清风明月，他思绪万千，又弹起琴来，轻拢慢捻抹复挑，琴声悠扬，渐入佳境。忽听岸上有人叫绝。伯牙闻声走出船来，只见一个樵夫站在岸边，他只看重此人是与自己心有灵犀的知音，别无他顾，当即请樵夫上船，兴致勃勃地为他演奏。

伯牙弹起赞美高山的曲调，樵夫说道："真好！雄伟而庄重，好像高耸入云的泰山一样！"当他弹奏表现奔腾澎湃的波涛时，樵夫又说："真好！宽广浩荡，好像看见滚滚的流水，无边的大海一般！"伯牙兴奋极了，激动地说："知音！你真是我的知音。"

这个樵夫就是钟子期。从此二人成了非常要好的朋友。

后来，俞伯牙周游各处多年，最终还是回到泰山去找自己的知音，可是钟子期已经去世了。俞伯牙把琴挂在钟子期墓旁的树上以示纪念，从此不再弹琴。

## 故事解析

朋友是有层次的。有人把朋友分为毛发之友、切肤之友、血友三个等次。

毛发之友平时总把“朋友”两字挂在嘴上，但帮助朋友的底线在于不会严重牵涉自身利益，如果只可能伤及毛发，没有破皮流血之患，才出手相助。算计的成分比较多。

切肤之友应该算是真朋友了，他们愿意付出被划伤手臂的伤痛来帮助你，只要不需伤筋动骨，贴上创可贴、敷上创伤药不日便可恢复。他们力所能及的会义不容辞，做不到的会急人所急。朋友交到这个层面已经比较成功了。

血友，不是血亲胜似血亲，即所谓能为你两肋插刀的人。这样的最是真正的朋友，不消如影随形，真实的友情流淌于彼此心中……此即所谓“知己”。就像俞伯牙、钟子期这般的，心灵相通，不言而喻。

知心朋友会在你有需要的第一时间出现，伸出援手，忠贞不渝，超越生死。

人生能得一知己足矣！

## 故事穿越

一位普通女孩，有一次无意间近距离地接触到了我国当今首屈一指的心理医学专家施琪嘉博士，随后不久在一次谢师宴上第一次与施老师正式见面，做了施博士的学生。席间施老师的一句：老师是做什么的？就是要你们踩着老师的肩膀往上走的。令女孩念念不忘。

之前女孩对自己的英语很没有自信，但施博士没有任何先兆地通知她去接一位外国教授，参加关于音乐治疗的会议。女孩为了圆满完成任务，拼命恶补英文，不但顺利结束了会议接待工作，还在会后充当导游带外国教授旅游了两天。女孩英文水平有了质的飞跃，还与外国教授成为了好朋友。

施老师让女孩见识到真正的心理治疗，他抓住所有机会传授心理治疗的理论和各种技术。跟着施老师的两年是女孩进步最快的两年，女孩还从施老师身上学到很多作人的道理。

施老师还关心女孩的个人问题，怕她成为剩斗士，比她还着急，对她进行开导，让她意识到生活中很多事情都是不完美的。

离开施老师后女孩远赴德国，继续在施老师的亲密朋友、另一位业界专家那里深造。每次施老师去德国都会带她还有其他学生自驾游，在风光旖旎中放歌，师生之间更像是好朋友了。

“学贵得师，亦贵得友”，女孩感叹遇到二者兼备的贵人，自己正逐步接近心理医学顶端。

## 故事微语

朋友没有性别、年龄、身份的界限，两心相知、心有所慰、情绪得到安抚、心志得到助益，就是朋友能够带来的境界。

女孩接触到名师之后，信心倍增，释放出自己都吃惊的能量；不止在专业上，作人方面、个人情感问题、兴味爱好等等，她都得到了开发、长进。这样的老师怎么不是自己人生的良师益友呢！

真正的朋友会让你振作起来，原本黯淡、空虚的世界顿时变得明亮和充实。朋友象酒，越久越淳。

老朋友是最好的镜子，时时鞭策你修整自己，坚定前行。

## 心灵箴言

朋友丰富人生。

——[美] 林肯

友谊是心灵的结合。

——[法] 伏尔泰

人生贵相知，何用金与钱。

——李白

兄弟可能不是朋友，但朋友常常如兄弟。

——[美] 富兰克林

对所有的人以诚相待，同多数人和睦相处，和少数人常来常往，只跟一个人亲密无间。

——[美] 富兰克林

# 相互信任，把握朋友相交的基础

## 故事话题

管仲和鲍叔牙都是生活在2000多年前春秋时期的齐国人，他俩年轻时就成为了好朋友。

他们合伙做生意，管仲出很少的本钱，分红的时候却拿很多钱，鲍叔牙毫不计较，因为他知道管仲的家庭负担大。管仲被俘投降，大家都笑话他贪生怕死，只有鲍叔牙理解他，知道他是想要为天下做大事，因而不羞于小节。

后来，管仲和鲍叔牙都从政了。当时齐国朝政很乱，王子们为了避祸，纷纷逃到别的国家等待机会。管仲辅佐在鲁国居住的王子纠，而鲍叔牙则在莒国侍候另一个齐国王子小白。不久，齐国发生暴乱，国王被杀死，王子纠和小白听到消息都急忙动身赶往齐国，欲抢夺王位。两支队伍在路上相遇，管仲射箭想杀死小白，但箭只是射到小白携带的饰品上，没有伤到小白。小白先一步回国当上了国王，即齐桓公。

齐桓公欲任命鲍叔牙为宰相，鲍叔牙自知能力不足，大力举荐被囚禁在鲁国的管仲。齐桓公终被鲍叔牙说服，把管仲接回齐国当宰相，而鲍叔牙却甘心做管仲的助手。在两人的合力治理下，齐国成为诸侯国中最强大的国家，齐桓公成为诸侯王中的霸主。

管仲与鲍叔牙之间建立在相互了解、信任基础上的深厚情谊已成为代代相传的佳话。人们常用“管鲍之交”来形容自己与挚友之间彼此了解、彼此信任、危难中不离不弃的关系。

## 故事解析

信任是做知己朋友的基础，朋友间的信任更是一种高贵品质的升华，我们能够把自己的信任完全交付给自己的朋友，我们就赢得了人生的友谊！

朋友是你从幼稚走向成熟的见证，真正的朋友间有斩不断的情谊，找个爱人或许不难，但找个真诚的朋友却很不易。

真正的朋友是可以和你同欢笑同哭泣，成功时在心底默默为你祝福，失意时给你安慰和鼓励，朋友是解语花，是可以温馨可憩的港湾。

异性朋友的交往则是一种异乎寻常的美。男女之间气质秉性，思维方式，学识阅历和生性的差异，会给你带来许多宝贵的启迪！

这种关系犹如白云之于蓝天，露珠之于菏叶，相吸而不相染，聚时灿烂，散时洒脱，若即若离的距离之妙，使友情更臻于至善至美！

只要真诚的善待你身边的每一位朋友，你就会有意想不到的收获和意外的惊喜！珍惜每一次的相识相知！也就珍视着人间的美好！

## 故事穿越

秦朝末年，在楚地有一个叫季布的人，性情耿直，为人侠义好助。只要是他答应过的事情，无论有多大困难，都设法办到，受到大家的赞扬。

楚汉相争时，季布是项羽的部下，曾几次献策，使刘邦的军队吃了败仗，刘邦当了皇帝后，下令通缉季布。而此时敬慕季布的人，便都冒着诛九族的危险暗中帮助他。

不久，经过化装后的季布到山东一朱姓人家当佣工。朱家知道他是季布，为他找刘邦的老朋友汝阴侯夏侯婴说情。刘邦撤消了通缉令，还封季布做了官。

季布的一个同乡曹邱生，专爱结交有权势的官员，借以炫耀和抬高自己，季布一向看不起他。他听说季布又做了大官，就马上来见季布。

不管季布的脸色多么阴沉，话语多么难听，曹邱生又是打躬，又是作揖，积极拉家常叙旧，并吹捧说："楚地到处流传着'得黄金千两，不如得季布一诺'这样的话，作为同乡，我一直在宣扬你的好名声，你为什么不愿见到我呢？"季布心里

顿时高兴起来，留他作为贵客招待，临走还送了一笔厚礼。

曹邱生又继续为季布到处宣扬，季布的名声也就越来越大了。

## 故事微语

人无信，非人焉。诚信是立人之本，是友情滋生的沃土，是建立友谊的桥梁。一个讲求诚信的人，才可能与其他人结下正常、成熟的友谊，否则就是小孩子过家家，玩闹而已。

诚实、守信是人与人之间交往的最基本的准则。诚信无色，却可以左右人的心情色调，或者阴暗、苍白，或者明媚、开朗；诚信不占空间，却可以伸缩人的心胸，或狭隘、粗浅，或宽广、高远。

拥有了诚信，就拥有了人脉，就是拥有了一笔巨大的财富；反之，朋友只会日渐疏远，所剩无几。

季布因为信用高，性命无忧。最后还影响了同乡，遵守承诺，坚持为他宣扬。

诚信，是人类文明的阶梯；诚信，是填补人类间隔的碎石。

## 心灵箴言

与朋友交，言而有信。

——子夏

你最大的风险是缺少我们对你的信任。

——马云

人之相识，贵在相知，人之相知，贵在知心。

——孟子

不要对一切人都以不信任的眼光看待，但要谨慎而坚定。

——[古希腊] 德谟克里特

一个好的伴侣关系，应该是以信任之心，不限制对方的自由，又以珍惜之心不滥用自己的自由。

——周国平

# 第三篇

# 感恩贫困，命运赠予我们的精神财富

每个人在出生之后，都会面临金钱的处境，或许我们没有很多金钱，但是贫困却仍然教会我们很多。在生活中，贫困让我们了解了更多的生活窍门；在品德中，贫困教会我们懂得什么叫作珍惜和节俭；在智慧中，贫困告诉我们什么才需要我们更加珍惜和呵护。

# 贫穷如师，鞭策我们前进

## 故事话题

约翰·布里敦出生于金斯顿一个非常贫寒的家庭，父亲曾经做过面包师和麦芽制作工，生意被人挤垮后，发了疯。那时候布里敦还是个孩子，几乎没有受过正规教育，但他并没有因此堕落。

早年，他在叔叔的酒店里干活，帮着装酒、上瓶塞、储存葡萄酒。一晃五年过去了，他突然被叔叔逐出了家门。

五年来，他只攒了几个硬币，就是这点钱，伴他走了七年的漂泊生涯。他在自传里写道："我住在贫寒的地方，一星期只挣 18 便士，但是我沉迷于学习中，冬天晚上就在床上看书，因为我没有钱生炉子。"

他终于在伦敦酒店找到了一份管窖的工作，从早上 7：00 到晚上 11：00 一直待在酒窖里。这种漆黑的环境，加上过度的劳累，他的健康状况开始出现问题。

后来，他开始从事律师的工作，每星期的工资为15先令——那些年，他一直利用空闲的每一分钟练习写作。在工作期间，他也抽空逛书摊，买不起书就站在那里看，通过这种方法积累了很多知识。

过了几年，他又换了一家律师事务所，工资也涨到了20先令一星期，但他仍然坚持看书学习。

28岁时，他出版了自己的第一本书《皮萨罗的求职经历》。从那以后直到去世，在将近55年的时间里，布里敦一直从事文学创作。

他出版的作品达87部，其中最重要的是《英国大教堂的古代风习》，总共14卷，是一部伟大的作品。这部作品本身就代表了约翰·布里敦不知疲倦的勤奋风格。

## 故事解析

古今中外，绝大多数在人类发展史上留下自己姓名的人都出身清贫。

贫穷是一种无法选择的境况，对待贫穷的不同心态，导致了一些人永远贫穷，而另一些人却走上了别人难以企及的生命与财富之颠。

与富贵相比，贫穷的土壤里更能孕育出坚韧不拔的意志，更能激发我们不屈不挠的奋斗精神。

贫穷是一笔宝贵的精神财富。它像一位严厉的老师，鞭策着我们前进。因为贫穷，可以塑造坚韧的性格；因为贫穷，可以磨炼顽强的意志；因为贫穷，可以铸成不屈的毅力。贫穷，能使人很快适应生活环境；贫穷，能使人对社会的认识更加深刻；贫穷，能使人具备自强不息的精神……

贫穷和苦难是人生的老师。我们没有经历过像约翰·布里敦那样的贫穷和苦难，但我们应该有意识地锻炼自己，锻造自己的坚韧品德。

贫穷可以说是一种不幸，但只要你学会感恩，那它就是一种财富。你可以利用这笔‘财富’去激发你的潜能，鞭策你的行为，用你的成绩去报答那些曾经帮助过你的人。

## 故事穿越

一个男孩，穿着自己最喜欢的球衣，登上讲台演示解剖小鱼。他做了充分的准备，信心十足。然而，正当他举刀时，台下有人谈论他的球衣，说是自家扔掉的旧衣服，男孩的母亲在他家小区做清洁工，球衣是从垃圾箱里捡的。

男孩瞬间石化，迟迟未动手。一旁的老师给了他很低的分数，让他回座位。

课程结束，男孩要离开时，老师叫住他：我知道这堂课你很煎熬，明天再给你一次机会，希望你好好把握。

第二天男孩出色地完成了实验，但他没有得到最高分，老师解释说，他应该在第一次就完成，才能得到最高分。不要以为只有你穿捡来的衣服，那些并不重要。难道你的衣服不是干干净净的吗！那就足够了！

男孩驻足沉默，仍然无法释怀，老师上前扶住了他的肩：其实昨天发生在你身上的一幕对老师来说并不新奇，在我大学毕业典礼上我和你遭受的情形是一样的。

老师也是出身贫困家庭，经常只穿一身衣服，很少有更换，成为同学的笑柄。现在老师自食其力，不是很好吗。我相信你的能力，希望你多调整自己的看法，尽快把思想转入正轨。

此后男孩抛却杂念，在老师默默关怀的目光中不断进取，实现了自己能够达到的最大价值，无悔一生。

## 故事微语

上天给人贫穷时，同时也给人一份别样的天赋。

成功是贫穷和苦难打磨出来的，一夜成名的背后浸满辛酸。

贫穷让我们懂得了什么是艰难困苦，贫穷也教会我们如何战胜贫苦；贫穷给予了我们深深的打击和伤害，贫穷也给予了我们战胜苦难的勇气和力量。贫穷，是人生最好的老师，我们要感谢它给予我们一生的启迪和教诲。

当然，贫穷也使我们失去了一些东西：懒惰、奢华……正是因为它们的失去，使我们明白：我们必须努力，必须坚持不懈地奋斗，用我们的激情去挥洒我们的汗水和热血，实现我们的人生价值。

每个穷人都想脱离贫穷，世界上再也没有比极力想脱贫致富这种行动更强大的力量了。因此，年轻时的贫穷是应该感谢的，因为，它给你带来努力与希望，它让你的青春充满力量。

## 心灵箴言

贫穷造就了饥饿，也造成了英雄。

——[奥] 莫扎特

没有烦恼的贫穷胜于苦恼的重重富有。

——[古希腊] 米南德

一无所有者无所惧怕，无所得，也无所失。

——[法] 霍尔克罗夫特

贫穷本身并不可怕，可怕的是自己以为命中注定贫穷或一定老死于贫穷的思想。

——[美] 富兰克林

# 在“贫困”的大学里修完学业

## 故事话题

高尔基，前苏联大文豪，列宁称他是“无产阶级艺术的最杰出的代表人物”。

他出生在沙俄时代的一个木匠家庭，4 岁丧父，寄养在外祖母家。因为家庭极为寒，他只读过两年小学。10 岁时就走入冷酷的“人间”。他当过学徒，搬运工人，守认人，面包师。还两度到俄国南方流浪，受尽苦难生活的折磨。但他十分喜欢读书，在任何情况下，他都要利用一切机会，扑在书上如饥似渴地读着。如他自己所说：“我扑在书，就像饥饿的人扑在面包上一样。”

他为了读书，受尽了屈辱。10 岁时在鞋店当学徒，没有钱买书，就到处借书读。那时的学龄前徒，实际上是奴仆：上街买东西，生炉子，擦地板，洗菜带孩子……每天从早晨干到半认。在劳累一天之后，用自制的小灯，坚持读书。

老板娘禁止高尔基读书，还到阁楼上搜书，搜到书就撕碎。因为读书，还挨过老板娘的毒打。高尔基为了看书，什么都能忍受，甚至甘愿忍受拷打。他说过：“假如有人向我提议说：‘你去广场上用棍棒打你一顿！’我想，就是这种条件，我也可以接受的。”

由于高尔基一生如饥似渴地读书，勤奋不懈地努力，他写下了大量有影响的作品：《海燕》、《鹰之歌》、《母亲》、《克里姆·萨姆金的一生》、《童年》、《人间》、《我的大学》。除此之外，还写了剧本和大量的政论、特写、文艺评论等。

## 故事解析

高尔基的童年贫困艰难，然而，他从未被吓倒。他成人后著作颇丰，而主要的创作素材都是来自他熟知的生活，对曾经的历练他仍然是很乐观地看待，《我的大学》是他自传体三部曲的最后一部，在书里，作者将赋予他精神生命的贫民窟与码头称颂为自己的大学。对艰辛的生活不抱怨，同时坚持自己对精神财富的追求，不惜为此遭受毒打。

勤读有字之书，善学无字之书。有字之书乃是书本知识，无字之书乃是生活是生存。读书是学习，使用也是学习，而且是更重要的学习。子曰：学而时习之。这里的“学”乃是学有字之书，是书本知识，是根本，这里的“习”不是“复习”，而是指“实习、实践”要向社会学习，向实际学习，在生活中学习。

数不胜数的贫穷造就名人的故事向我们述说了什么道理呢？显而易见，一个人的成才不需要太多的物质，能够保证身体的成长即可，更为重要的是精神粮食的滋养，对人类文明的把握度，把握得越多、越深，就等于是站在了更高的起点，而赢在起点，才更容易赢得全程。

贫穷是一所最好的大学，在这里我们学会珍惜，学会如何去爱以及如何去缔造非凡的人生。

## 故事穿越

1997年7月28日，天津一中高三学生安金朋在阿根廷举行的第38届奥林匹克数学竞赛中荣获金牌，为我国此项大赛写下光辉的一页。

安金朋从小家境凄苦，连草稿纸都买不起。金朋7岁那年上学，学费是妈妈向别人借的。他都是把同学丢掉的铅笔头捡回来，再用细线绑在木棍上面写字，没有本子他就用橡皮把别人用过的练习本擦干净然后接着用。

在天津一中，当时他的生活费每月60元，别的同学是240元，小金朋是天津一中唯一吃不起青菜的孩子，衣服连肥皂都没得洗，可是他从来没自卑过，他觉得妈妈是一个向厄运抗争的苦难英雄，做她的儿子他无上光荣。

安金朋有一点口吃，有人告诉他学好英文首先要让舌头听自己的话，于是他常捡石头含在嘴巴里拼命背英文，石头和舌头磨啊磨，有时血水流出来，可他始终咬着牙坚持练习。半年后，石头磨圆了，安金朋的舌头也磨平了，他英文成绩变成前三名。

## 故事微语

因为贫穷而自暴自弃，这就是我们的错，奇迹只会等待有准备的人、懂得付出的人。

从古至今，多少仁人志士在穷困潦倒时仍能保持自我本性。杜甫居成都草堂，疾呼“安得广厦千万间，大庇天下寒士俱欢颜”；朱自清宁折不弯，即使饿死，也不接受美帝国主义的救济粮；洪战辉还是一个孩子的时候，就对另一个更弱小的孩子担负起了责任。更有多少出身贫寒的人，通过他们的不懈努力，成为首屈一指的大富豪，诸如李嘉诚、包玉刚。

说来这世界其实也公平，每个人在得到的时候，也在失去，在失去的同时，也在得到，很难说谁更贫穷，谁更富有。所以面对贫穷没必要唉声叹气，妄自菲薄，其实贫穷是一所最好的学校，是一笔人生的财富。

贫穷本是困厄人生的东西，但经由奋斗而脱离贫穷，便是无上的快乐。

## 心灵箴言

不要羡慕别人的富，也不要哀叹自己的穷。

——[日本] 小林一荣

忘怀你穷困的日子吧。不过，可别忘记它给你的教训。

——[德] 歌德

贫穷不是羞耻，富贵也不是罪恶，粗茶淡饭与锦衣玉食并没有太大的差别，只要我们有爱，孩子们就会有笑容。

——席慕蓉

尽管贫穷却感到满足的人是富有的，而且是非常的富有。而那些尽管富有，却整天担心什么时候会变穷的人才凋零得像冬天的世界。

——[英] 莎士比亚

# 找到生活的原味，品出人生的真谛

## 故事话题

艾森豪威尔是美国第34任总统，陆军五星上将。他指挥了“二战”中著名的“诺曼底登陆”战役，取得了反法西斯战争的最重要的胜利。

艾森豪威尔出生在一个贫困的家庭，不过父亲和母亲都是正直善良的人，妈妈是个坚强的女子，她教育儿子要有积极的人生态度。

有一天，妈妈拿出了一只又大又花的苹果，说：“家里的草坪需要修剪了，如果谁能修剪得又快又好，这只苹果就属于谁！”

妈妈手里的苹果一定很美味，小艾森豪威尔当然想把它据为己有，要得到苹果只有卖力地工作。那天下午，艾森豪威尔用尽了所有的力量来打理草坪，他的工作成绩是孩子们当中最出色的！

妈妈把红苹果交到艾森豪威尔手里，她语重心长地对孩子们说：“一个苹果虽然不值几个钱，但是要你们用工作来换得，世界上没有平白无故得来的东西，所以，你们虽然生在贫困的家庭，只要积极努力地生活，还是一样能争取到自己想要的东西！”

妈妈的话成了艾森豪威尔人生命运里的一座丰碑！他每天都用这些话语鞭策着自己，他要用自己的积极努力证明：艾森豪威尔是个有用之材。正是有了积极身上的心态，艾森豪威尔才逐步走向了成功。

## 故事解析

贫穷，是生活中的一道沟坎，是岁月里的一段艰辛，是人生境遇的一种无奈。贫穷的滋味让人难以忍受，无法言表。但是，经历多了，时间久了，贫穷也会让人品味出不一样的味道……

伴随现代科技的发展，人们的物质生活水平有了很大的提高，人们的成长不再像自己的祖先那样艰难，起点有了质的飞跃。青少年们通常面对的主要任务就是搞好自己的学习，而不需要自己解决衣食住行等基础问题，这是进步，但也会带来负面效应，那就是蒙蔽了生活、人生的真谛，把人悬空了，人前进的动力不足，步伐迟缓、被动。

而适度的贫困能够帮助人找到自我发展的驱动力，明白一切财富、资产都需要自己的努力打拼，这就是生活的真谛，就是原汁原味的生活。

贫穷是一位严厉的导师，它以奇特而有效的方法，教你快速掌握生存的本领，练就钢铁般的意志；贫穷是一面神奇的镜子，它透视了社会的层层面面，为你照出富人的风光与丑陋，穷人的可爱与无奈；贫穷是一杯清淡的茶水，它朴实而又芬芳，让尝遍酸甜苦辣的你找到生活的原味，品出人生的真谛。

就这样，贫穷造就了无数的强者，无数的智者，无数的贤者。

面对贫穷，我们要学会勇敢和坚强。只有这样，我们才能承担以后生活中更多的重任。

## 故事穿越

我国生活困难的大学生又是怎样面对自己的处境呢？

生活困难的大学生杨某说：“9月1日我来到内蒙古某大学，没有钱交学费和住宿费。在外地打工的父母寄回来的钱，仅仅够我和哥哥的生活费。我父母没有文化，40多岁了还常年在外奔波。我能体会他们的苦心。他们一直都想改变家里的现状，但从未成功。

接到通知书那天，我去了民政局，开具了家庭特困证明。当时，贫穷深深地困扰着我。很少有人能明白：一个十几岁的孩子为了参加演讲比赛而向同学借衣服；也很少有人能明白：一个十几岁的孩子为了交几十元的参考书费而愁得几夜不合眼。

我不知道自己出于怎样一种心情，但我却深信：被贫穷困扰着的生活远比一帆风顺、优越舒适的生活更为真实、更为深刻。我在经历了半个月的大学生活后，发现自己成熟了许多。生命能承受泪水之重——谁不是一边流泪一边学会勇敢与坚强？我擦干了泪，它已将烦恼与忧伤冲刷掉，只沉淀下那些令我快乐的阳光往事了。”

她说话时，语气的坚定、目光的坚毅，让人深深地感到有一种不可摧毁的力量在推动着她向前走。

## 故事微语

贫穷并不可怕，可怕的是没有战胜贫穷的勇气。贫穷不是人生路上的绊脚石，而是命运赠予我们的一笔精神财富。

贫穷告诉我们要学会珍惜。由于体会过一无所有的滋味，所以在我们的眼中，得到的一切都是如此来之不易。一点小小的收获、一个浅浅的微笑，都会让我们满心欢喜。当遇到挫折和烦恼的时候，回头看看来路，就会觉得，没有什么输不起，那么难的日子都能过来，大不了一切归零，从头再来，没必要患得患失，内心也就坦然起来。

这种状态让自己变得豁达，在纷繁复杂、光怪陆离的世界中，能保持一个良好的心态。

## 心灵箴言

卑贱者最最聪明，高贵者最愚蠢。

——毛泽东

人不可以苟宝贵，亦不可以图贫贱。

——苏轼

富人自以为有智慧，而聪明的穷人能将他看透。

——《旧约全书》

贫穷不会磨灭一个人高贵的品质，反而是富贵叫人丧失了志气。

——[意大利] 薄伽丘

自愿的贫困胜于不定的浮华；穷奢极欲的人要是贪得无厌，比最贫困的而知足的人更是不幸得多了。

——[英] 莎士比亚

# 经得起风雨，更容易长成参天大树

## 故事话题

范仲淹是1000多年前北宋伟大的政治家、军事家、文学家。他一生为官清正，出将入相，文能安邦，武能定国，他留下的“先天下之忧而忧，后天下之乐而乐”的精辟警言像金子一样闪亮，是中华民族永远的精神财富，也是他一生经历的写照。

范仲淹两岁时，父亲范墉病逝，家里只靠母亲为人家缝补来勉强维持，常常一天只能吃两顿粥，但是他很有志气，为自己立下做良相或良医的理想，以期造福于人类。为了目标的实现，范仲淹从小读书就非常认真、刻苦。

在家乡的咒钵庵里读书时，每天只能烧一锅粥。冬天将粥盛在盆里，等到凝冻后再划成四块，一顿两块，菜就是一根农家常吃的雪里蕻，这就是后来人称“断齑划粥”的故事。后来范仲淹的母亲也亡故了，他的生活失去了唯一的依靠，难到了极点，但他却安身乐命，发愤苦读。

范仲淹有个同窗好友叫石梅卿，父亲是做官的，家里很富裕，看到他安贫苦读的情景，十分感动。一天石梅卿带了好些酒肉和好菜，说是要和他聚聚，实际上是有意周济他，不料被范仲淹一口回绝了。范仲淹说：“你带来这么好的酒菜，真是谢谢你，你的心意我领了，但是我苦日子过惯了，要是吃了你的就过不惯苦日子了，这倒反而害了我。”一席话说得石梅卿更加佩服他了。

正是由于范仲淹不畏贫困，勤学好读，所以掌握了真才实学，成了国家的栋梁。

## 故事解析

贫困能造就坚强的人生，与富贵相比，贫困更能够使人坚韧不拔，更能激发精神和活力，更能磨炼高尚的品德和情操。富有挑战精神的人希望能多遇到一些困难，他们认为只有这样才能体现出他们的品行和天赋。

贫穷的人们是这个世界真正的创造者。如果没有他们，就没有今天各种伟大的事业，更谈不上富人们的丰衣足食。

贫穷往往能够锻炼出非凡的能力。比较起来，富家子弟像温室里的小树苗，而穷人家的孩子饱受风吹雨打，更容易长成高大的树木。

倘若你觉得自己的前途无望，觉得周围的一切都很惨淡，那么你应该立刻转过身来，朝向另一面，朝向那希望与期待的阳光，将黑暗的阴影遗弃掉。把贫穷的思想、疑惧的思想从你的心中驱走，挂上光明的、愉快的图画。

一般来说，一个人如果曾被贫穷折磨，那么他对财富的欲望会比别人强，设想也会不断地涌出，并具有超群的行动力。

## 故事穿越

克里斯蒂亚诺·罗纳尔多现在已经是一位国际球星，他被球迷们亲切地称为“C 罗”。

C 罗出生在丰沙尔一个贫困的家庭，他家破烂的棚屋在一座小山丘上。墙壁是水泥的，用废铁做的屋顶已经摇摇欲坠。他家的围墙像面包渣，而篱笆简直就是蜂窝，所有的家当最多不过 4000 英镑。贫寒的家境令 C 罗立志要获得成功。

C 罗有两个姐姐和一个哥哥，在七八岁的时候，懂事的 C 罗就知道出去打点零工贴补家用。

C 罗的父亲对足球非常喜爱，这也使得 C 罗很小就非常喜欢足球，可是并不富裕的丰沙尔并没有多少适合踢球的场地，在 C 罗家的院子里堆满了废弃的垃圾和塑料袋，而附近的街道也到处都是生锈的废铁和碎石头。可就是这样，C 罗的球技仍然令人难以置信地飞速进步。

C 罗的出色表现很快引起了当地国民俱乐部的注意，于是 C 罗成为国民队一名小有名气的小球星。再后来，C 罗凭借着自己超凡的球技，成为国际球星，身价上涨了近千倍！

## 故事微语

因贫困而失去了健康的生活，失去了受教育的机会，但是他们也因为贫困而拥有坚强的意志和广博的学识。有的人很富有，但精神匮乏，经不起风雨的洗礼；有的人很贫困，但意志坚强，便总能看到雨后美丽的彩虹。

贫穷教会我们如何去爱。对于情感，我们有了更加深刻的理解，无论走多远，心中永远珍藏着父母省吃俭用给我们治病、供我们求学的伟大的爱，记着朋友之间不为金钱设防的坦诚，感动于妻子可以不要钻戒、不要婚车、不要住房就嫁给我们的真挚爱情……

贫穷让我们剥开事物的表层，看到真实的内核，使我们不用去怀疑感情的纯度与爱的温度。人生中又多了一块试金石，能够去伪存真，感受真情的可贵。

贫穷的人往往比优裕的人更懂得感恩的含义。从这个意义上来说，贫穷无疑也是一种财富。

## 心灵箴言

贫困教会贫困者一切。

——[古罗马] 普拉图斯

贫穷的人往往富于仁慈。

——[印度] 甘地

不戚戚于贫贱，不汲汲于富贵。

——陶渊明

富贵固然和友谊的好坏无关，但是贫穷却最能考验朋友憎爱分明的真假。

——谚语

# 乐对贫穷，充实大脑，提升能力

## 故事话题

在谈起学生时期的生活困难对自己一生的重要影响时，一位 20 世纪 50 年代毕业的北大学生这样回忆道：

我进入北大时，也是一个穷学生。由于父亲瘫痪卧病在床，家中失去经济来源，没有一分钱支持我学习。

记得第一次手里拿着一个小小的洗脸盆，面对着一床大被子要洗的时候，真是不知从何下手。我想，一下子洗一床被子，我不行，但是洗一块手绢还是行的。被子有什么了不起，把它当作是一百块手绢，岂不就不成问题了吗？这样一想，就什么困难都没有了。从此一通百通，面前就没有困难二字。

每学期还要节约一点钱，在同仁堂给父亲买一点药寄回去。虽然这对他的病没有半点儿帮助，但是对老人家的心理却是莫大的安慰。

有事要进城，就借同学的自行车，早上在食堂多拿两个干馒头。走在王府井、西单大街上，从来也不对身边飘出阵阵香气的餐厅回头看一眼。寒暑假没有因为多余的钱买车票，所以不能回家，就整天泡在图书馆里博览群书，或是请教老师，增添了比别人更多的学习机会。

那时候，想抓紧学习还来得及，真的没有半点自卑感。与此相反，我感到非常自傲。因为我付出的代价和收获，比别的同学不知有多少倍。

这一段困苦的生活，不仅使我增长了许多学识，大大突破原有的专业，更加重要的是，锻炼了自己的意志，养成了良好的心态，一生受用无穷。

## 故事解析

贫困能造就坚强的人生，与富贵相比，贫困更能够使人坚韧不拔，更能振奋精神和活力，更能磨炼高尚的品德和情操。富有挑战精神的人希望能多遇到一些困难，他们认为只有这样才能体现出他们的品德和天赋。他们视挑战贫困为乐事，把贫穷当作人生的老师，从中获得巨大的鼓舞和力量，在战胜贫苦的过程中感受着自己人生的价值。

什么事情都不是一成不变的，贫穷也是暂时的，关键是我们要如何去面对。〖HT〗用探索、挖掘、积极进步的思想去思考问题，也许就会看到它好的一面。

有逆境就有抗争，有曲折就有坚韧。好的环境能养育人，好的环境也能断送人，艰苦的环境能折磨人，艰苦的环境也能培养人。因此说，贫穷也是一种难得的精神财富。

贫穷使人懂得珍惜机会。贫穷的人往往生活在社会的底层，很难获得机会的青睐，因此，在他们眼里，机会是很宝贵的。当机会降临时，他们常常能够紧紧抓住它们，并为之付出艰辛的努力，从而走向成功。

## 故事穿越

岛田洋七，日本著名作家，爸爸死于原子弹爆炸，妈妈无力供养他，就把他寄养在外婆(阿嬷）家，后来，岛田把他童年时和外婆相依为命的故事写成《佐贺的超级阿嬷》，感恩坚强乐观的外婆，感恩和外婆一起度过的贫穷生活。

岛田读小学的时候，整个日本因为战败都很穷，岛田家尤其如此，但是因为有乐观精明的阿嬷，贫穷的日子过得有滋有味。

有一次，岛田得到别人送的西瓜皮面具，喜不自胜展示给阿嬷："阿嬷，好不好看？""哦，很有意思。"第二天早上醒来，面具不见了，赶紧问阿嬷："阿嬷，我的西瓜皮面具呢？""啊，那个啊……"阿嬷笑嘻嘻看着盘子，那里腌着西瓜皮，"嘿嘿，很好吃吧？"

贫穷中的阿嬷和岛田过得很快乐，因为阿嬷经常挂在嘴边的话就是："要带着笑容，好好跟人打招呼。穷人能做最好的，就是展露笑容。你一笑，旁边的人也跟着都笑了。"长大以后的岛田，性格开朗乐观，写了大量喜剧剧本，成为日本喜剧泰斗。

## 故事微语

穷人更懂得珍惜，更懂得最大限度用好得到的东西，更懂得把贫穷的生活过得有滋有味。

贫穷是什么？很多人会说贫穷是魔鬼、是毒药、是夺命丹……是的，当你需要钱的时候，贫穷的确很可怕，许多人因为贫穷而失去了朋友，失去了家庭，甚至于丧命于贫穷。但是，如果换一个角度来看，贫穷也能够带给人无穷的好处，从某种意义上来说，贫穷又何尝不是人生中一种难得的财富？

贫穷并不可怕，有时贫困、贫穷，却是最大的优势和资本。贫穷有时离成功与富有就差一层“窗户纸”，只需思维的一个“转身”——一个机会、一条信息、一个观念的转变，就够了。

贫穷会磨砺人的智能，贫穷也能进化人的道德，振奋人的精神。在勇士的跟里，艰辛也是一种快乐。如果我们从历史中去搜寻证据，便会看到，人的勇敢、正直、大度，有时并不取决于他的财富，反倒取决于他的寒微。我们应该感谢贫穷，因为贫穷是命运赠予我们最丰厚的礼物。

是的，有了贫穷，就有了一种渴望翻身的信念，才能在不论是生活还是学习工作中都能全身心投入，去充实自己的大脑，提升自己的能力。穷人家的孩子比起温室里的花朵来虽然艰辛了无数倍，却也收获了他们所难以收获的巨大财富。所以，请感恩贫穷吧。

## 心灵箴言

贵贱无常。

——王懋

富贵多士，贫贱寡友。

——司马迁

夸耀贫穷比夸富裕更卑鄙。

——[日] 斋藤绿雨

物质上的不足是容易弥补的，而灵魂的贫穷则无法补救。

——[法] 蒙田

生活的情况越艰难，我越感到自己更坚强，甚而也更聪明。

——[苏联] 高尔基

第四篇

# 感恩失败，搭建通往成功的阶梯

任何人都曾经有过失败的经历，也曾有过沮丧的时刻，但是失败却能够教会我们很多东西。失败，能够让我们积累经验；失败，能够锻炼我们的意志；失败，更是成功的试金石。不要惧怕失败，正所谓“失败是成功之母”，正是因为那一次次的失败，才最终促成了我们的成功！

# 有过失败，才抓得住成功

## 故事话题

这是一个伟人的简历：

1816 年，家人被赶出了居住的地方，他必须工作以扶养他们。

1818 年，母亲去世。

1831 年，经商失败。

1832 年，竞选州议员——但落选了。

1832 年，工作丢了，想就读法学院，但进不去。

1833 年，向朋友借钱经商，但年底就破产了，接下来他花了 16 年，才把债还清。

1834 年，再次竞选州议员——赢了。

1835 年，订婚后即将结婚时，未婚妻却死了，因此他的心也碎了。

1836 年，精神完全崩溃，卧病在床六个月。

1838 年，争取成为州议员的发言人——没有成功。

1840 年，争取成为选举人——落选了。

1843 年，参加国会大选——落选了。

1846 年，再次参加国会大选——这次当选了！前往华盛顿特区，表现可圈可点。

1848 年，寻求国会议员连任——失败了。

1849 年，想在自己的州内担任土地局长的工作——被拒绝了。

1854 年，竞选美国参议员——落选了。

1856 年，在共和党的全国代表大会上争取副总统的提名——得票不到一百。

1858 年，再度竞选美国参议员——再度落败。

1860 年，当选美国总统。

这个人叫林肯。

## 故事解析

每个人都会遭遇失败，不可避免地被失败缠绕，只要我们有自己的追求。目标越高，遭受的失败会越多。

失败对于消极的人是灭顶之灾，乐观自信的人只会在失败中把自己锻炼得更加成熟坚强，踏着失败搭建的阶梯迈向成功。

林肯是因失败而成功的典范。他不断地遭遇失败乃至惨败，但他锲而不舍，愈挫愈勇，在无数失败组成的道路上点亮了一串成功的街灯，最后登上总统的高位，成就了自己最大的价值。

成功的获取基于无数失败积累的经验，没有经历过失败的成功是虚弱的，不堪一击。

失败，是宝贵的财富；失败，是生活的调色板。失败是实践之师，最终赋予我们成功。我们要感恩失败，因为它塑造了我们独一无二的人格魅力。

## 故事穿越

传说中，在中国远古的战场上，曾经有一名士兵被敌人的一种小箭射中了，他的同僚赶忙过去救他。

当同僚赶到时，他们发现，这个被小箭射中的士兵，不但没有死，甚至也没有受伤；更离奇的是，他的伤口并不是很痛，也没有流出很多的血。

这名士兵的同僚们，把他的箭拔出来，送他回后方养伤。经过一段日子，发现他原先早已罹患的某些疾病，在这一次箭伤之后，居然发生慢慢改善的现象。

没多久，在战场上，另外一名士兵也被箭射中了，竟然又出现同样的现象；经过战场上的军医观察发现，有许多士兵都出现了这样的情况。

有几位比较敏感的军医，他们注意到这样的一种现象，深入地加以研究，慢慢得到结论，就依照他们的研究成果，发展成为今天中医学上独具特色的针灸疗法。

据说，这场因箭伤而发展成针灸医术的战役，已经是两千六百年前的事情了。

## 故事微语

每一次失败，都能磨炼你的技巧，增强你的勇气，考验你的耐心，培养你的能力。

以这种斩钉截铁的态度去面对所有错误，坦白承认说："我遇到问题了，我负有责任，因此我必须进行修正。"他很清楚，如果自己不这么做，别人这样做了，成功就会属于别人。

人类的进步就是在不断地与对手之间的角逐中发展，在失败中取胜。有了拼搏，有了对失败的抗争，历史上才会留下破釜沉舟的誓言。

我们理应感谢失败，感谢失败为我们指明了航标。有失败的经历，才会有成功的可能。学会欣赏失败，珍惜失败，从失败中学习，这样，我们才会以更矫健的步伐迈向成功。

## 心灵箴言

从胜利学得少，从失败学得多。

——谚语

谁不经过失败挫折，谁就找不到真理。

——谚语

酸甜苦辣都是营养，成功失败都是经验。

——谚语

不要轻视失败者的劝告，他在不应该做什么的问题上是权威。

——欧洲谚语

作为领导人，最好的锤炼方法是失败。没有什么比经历失败更能锻炼人了。

——[德] 肯·塞福

如果圣明的百姓用他们的智慧决定我该接受这个磨炼，那么，我便会从失败中学会某些真理，而不至于过分愤怒。

——[美] 林肯

# 正视失败，没有失败就谈不上成功

## 故事话题

他出身很不好，父亲是一个赌徒，母亲是一个酒鬼。他高中辍学，在街头当混混。

20 岁时，一件偶然的事刺激了他，他醒悟反思："不能，不能这样做。如果这样下去，和自己的父母岂不是一样一事无成了吗？不行，我一定要成功！"

他想到了当演员——当演员不需要过去的清名，不需要文凭，更不需要本钱，而一旦成功，却可以名利双收。

"一定要成功"成为他的信念。他来到好莱坞，找明星、找导演、找制片人……找一切可能使他成为演员的人。

很显然，他一次又一次被拒绝了，但他并不气馁，他知道，失败定有原因。他十分珍惜失败带给自己的经验教训，每被拒绝一次，就认真反省、检讨、学习一次。一年后，他写出一个剧本，他又拿去遍访各位导演。他再一次被拒绝了。

他几乎绝望了，可是就在他遭受第 2300 次拒绝的时候奇迹出现了，一个曾拒绝过他 20 多次的导演对他说："我不知道你能否演好，但我被你的精神所感动。我可以给你一次机会，就让你当男主角，看看效果再说。如果效果不好，你便从此断绝这个念头吧！"

为了这一刻，他已经做了三年多的准备，终于可以一试身手。机会来之不易，他不敢有丝毫懈怠，全身心投入。电影《洛奇》的第一部创下了很高的收视率——他成功了！

他就是大家熟悉的史泰龙。

## 故事解析

史泰龙的健身教练哥伦布医生评价说：“史泰龙每做一件事都百分之百投入。他的意志、恒心与持久力都是令人惊叹的。他是一个行动家。他从来不呆坐着让事情发生——他主动地令事情发生。”

如果史泰龙当初只是“想”成功，在茶余饭后做做明星梦，消遣一下，他就绝不会有今天。他经历了那么多的失败和拒绝，但是他却一次次地化失败为成功的动力，坚定自己成功的信念，并最终取得了成功！

失败是不可避免的，高考落榜时，应聘失败时，股票狂跌时，公司倒闭时，所以，请你正视失败。

一般来说，所有追求事业的人，无不在渴望着成功，但在追求理想的道路上，失败总是不可避免的。

失败是一面镜子，它能让我们发现自己的弱点和不足，当我们把造成失败的沟壑填平后，成功便会奇迹般地出现在我们面前。

## 故事穿越

桑兰在国家女子体操队时曾多次获得国内国际比赛金牌，然而在1998年7月22日，她在第四届美国友好运动会的一次跳马练习中不慎受伤，此后，坚强的她在轮椅上创造了一个又一个人生奇迹。

1999年1月她成为了第一位在时代广场为帝国大厦主持点灯仪式的外国人，1999年4月荣获美国纽约长岛纳苏郡体育运动委员会颁发的第五届“勇敢运动员奖”，2000年5月点燃中国第五届残疾人运动会火炬，2000年9月代表中国残疾人艺术团赴美演出。2002年9月，桑兰加盟世界传媒大亨默多克新闻集团下属的“星空卫视”，担任一档全新体育特别节目《桑兰2008》的主持人，她用这样的方式继续着自己的奥运之路。也是在2002年9月，桑兰被北京大学新闻与传播学院新闻系破格免试录取，就读广播电视专业。

2007年桑兰与互联网结缘，她的全球个人官方网站上线，同时她也被聘为中国奥委会官方网站特约记者。

桑兰在2007年6月作为“奥运之星保障基金”的发起人，加入到了“奥运之星保障基金”的筹建工作中，为了让更多曾做出突出贡献的伤残运动员有个更好的归宿，她将为退役运动员的社会福利事业展开各方面的工作。

GLOBAL
PUMP PRICES
PRICES RISE
Oil
Energy
Fuel
Gas
HORTAGE
Speculation fue
bubble bu
WIND P
Transpo
le bursts
GLOBAL
WIND POW
Natura

## 故事微语

只有不害怕失败，深知失败意味着什么，才有可能获取成功。从某种意义上说，我们应该感谢失败带给我们的启发和经验。

个别的失败并不意味着你是人生的失败者，

失败本身并不可怕，可怕的是失败得没有价值。一个人虽然犯了点小错误，但如果他能总结失败的教训，知道自己为什么失败，并不再犯更大的甚至是致命的错误，则错误对他来说是无价之宝，比成功的经验还重要。一个人虽然取得了一点成绩，但如果不善于总结成功的规律，不知道自己为什么成功，就不可能保证永远成功，则这种成功比失败更可怕。

每一次失败，都是一次超越的机会，逃离失败，躲避失败，就会把一个人的活力与成长力剥夺殆尽，使人变成行尸走肉。〖HT〗所以，失败是超越自我的重要推动力。

## 心灵箴言

没有大量错误做台阶，也就登不上最后正确结果的宝座。

——钱学森

挫折和不幸，是天才的晋身之阶，信徒的洗礼之水，能人的无价之宝，弱者的无底深渊。

——[法] 巴尔扎克

看起来像是失败的，其实却是一只看不见的慈祥之手，阻拦了我的错误路线，并以伟大的智慧强迫我改变方向，向着对我有利的方向前进。

——[美] 拿破仑·希尔

我喜欢成功的感觉，但是失败也是我需要的，对于我来说成功与失败都具有同样的价值，只是它们的取向不一样。只有在我失败以后，我才能找到成功的方法。

——[美] 爱迪生

# 端正心态，仇恨失败那就真的败了

## 故事话题

吴王夫差率兵把越王勾践打得大败，以为越国已经不足为患，答应了越国的投降，把军队撤回了吴国。

吴国撤兵后，勾践带着妻子和大夫范蠡到吴国伺候吴王，放牛牧羊，终于赢得了吴王的欢心和信任。三年后，他们被释放回国了。

勾践回国后，立志发愤图强，准备复仇。他怕自己贪图舒适的生活，消磨了报仇的志气，晚上就枕着兵器，睡在稻草堆上，他还在房子里挂上一只苦胆，每天早上起来后就尝尝苦胆，让门外的士兵问他："你忘了三年的耻辱了吗？"

他派文种管理国家政事，范蠡管理军事，他亲自到田里与农夫一起干活，妻子也纺线织布。勾践的这些举动感动了越国上下官民，经过十年的艰苦奋斗，越国终于兵精粮足，转弱为强。

再说吴王夫差自从战胜越国后，以为没有了后顾之忧，从此沉迷于西施的美色，过着骄奢淫逸的生活。这时的吴国，貌似强大，实际上已经是走下坡路了。

公元前 482 年，夫差亲自带领大军北上，与晋国争夺诸侯盟主，越王勾践趁吴国精兵在外，突然袭击，一举打败吴兵，杀了太子友。

## 故事解析

我们要保持沉稳的心态和昂扬的信念，败而不馁，在失败后用冷静的目光审视失败，总结失败的经验教训，会重新获得智慧和力量。

失败只是一时一刻，并不能彻底否定我们。在失败时不失去奋斗的信心和勇气，只要敢于拼搏，就能拥有成功的希望。

失败并不可怕，关键是我们以什么样的态度去对待。当我们真正地明白了、理解了失败的意义，我们便也懂得了：其实，我们应该感谢失败对自己的磨炼。

人的一生难免会遭遇多次失败，遭遇失败并不可怕，失败并不意味你一无所有，只是表明你暂时尚未成功；失败并不意味着你一事无成，只是表明你得到了经验和教训。因此请你别忘记感恩你所经历的失败。

失去了星星，我们不能再失去月亮，与其灰心丧气，哀声叹息，为何不重整旗鼓？以往的失败和成功已成为往事，我们虽然对未来无法预料，但我们可以以乐观的态度来面对。年轻是你的资本，失败是你的财富。经历过失败，才能知道成功的伟大，经历过风雨，才能见彩虹。对生活充满憧憬，对自己充满信心，让失败成为我们走向成功的垫脚石。

## 故事穿越

英国劳埃德保险公司曾从拍卖市场买下一艘船，这艘船1894年下水，在大西洋上曾138次遭遇冰山，116次触礁，13次起火，207次被风暴扭断桅杆，然而它从没有沉没过。

劳埃德保险公司基于它不可思议的经历及在保费方面带来的可观收益，最后决定把它从荷兰买回来捐给国家。现在这艘船就停泊在英国萨伦港的国家船舶博物馆里。

不过，使这艘船名扬天下的却是一名来此观光的律师。当时，他刚打输了一场官司，委托人也于不久前自杀了。尽管这不是他的第一次失败辩护，也不是他遇到的第一例自杀事件，然而，每当遇到这样的事情，他总有一种负罪感。他不知该怎样安慰这些在生意场上遭受了不幸的人。

当他在萨伦船舶博物馆看到这艘船时，忽然有一种想法，为什么不让他们来参观参观这艘船呢？于是，他就把这艘船的历史抄下来和这艘船的照片一起挂在他的律师事务所里，每当商界的委托人请他辩护，无论输赢，他都建议他们去看看这艘船。它使我们知道：在大海上航行的船没有不带伤的。

## 故事微语

人生的成功秘诀之一就在于如何面对失败。有些人将失败看成打击，他的前一次失败就埋下了下一次失败的种子，那是真正的失败者。另一些人将失败作为一种收获，每一次的失败都增加了下一次成功的机遇。

屡败屡战，斗志便一次比一次更强，愈战愈勇，最终胜利也就自然来临。

日本大企业家松下幸之助对他的员工说："成功是一位贫乏的教师，它能教给你的东西很少；我们在失败的时候，学到的东西最多。""跌倒了就要站起来，而且更要往前走。跌倒了站起来只是半个人，站起来后再往前走才是完整的人。"

莫因暂时的失败和挫折而长吁短叹，莫因路途坎坷而灰心丧气，莫因厄运降临而意志消沉。诅咒和泪水于事无补，只有拼搏的火种才能燃起希望之光。

## 心灵箴言

失败就是迈向成功应付出的代价。

——台湾长鸿益集团厂训

失败缘于忽视细处，成功始于重视小事。

——《成败训》

障碍与失败，是通往成功最稳靠的踏脚石，肯研究利用它们，便能从失败中培养出成功。

——谚语

没有十全十美，也没有人不可或缺，每个人都有这种或那种弱点。当他失败时，这种弱点将会缓解他的沉痛之情。

——[法] 拉布吕耶尔

# 进取人生，别让失败绊住脚步

## 故事话题

维斯卡亚公司是 20 世纪 80 年代美国著名的机械制造公司，许多人毕业后到该公司求职都会遭到拒绝。

詹姆斯是某知名大学机械制造业的高才生，和其他人一样，他的申请被拒绝了。但詹姆斯没有心灰意冷，他到公司人事部，提出为该公司提供无偿劳动力。不管公司分派给他什么工作，他都不计任何报酬来完成。

公司起初觉得这不可思议，但考虑到不用任何费用，也用不着操心，于是分派他去打扫车间里的废铁屑。

一年来，詹姆斯勤勤恳恳地重复着这种简单劳累的工作。为了糊口，下了班他还要去酒吧打工。这样做虽然得到了老板及工人们的好感，但是仍然没有一个人提到录用他。

1990 年初，公司的许多订单被退回，理由都是产品质量有问题，为此公司将蒙受巨大损失。公司董事会紧急召开会议商议解决办法，当会议进行一大半却毫无进展时，詹姆斯闯入会议室。

在会上，詹姆斯把问题出现的原因作了令人信服的解释，并且对工程技术上的问题提出了自己的看法，随后拿出了自己对产品的改造设计图。这个设计非常先进，经董事会举手表决，詹姆斯当即被聘为公司负责生产技术问题的副总经理。

原来，詹姆斯在做清扫工时，利用清扫工可以到处走动的好处，细心察看了生产情况，作了详细记录，发现了存在问题并想出解决的办法，为最后的成功奠定了基础。

## 故事解析

失败既无可避免，也并非毫无益处。其实失败是人生固有的，失败是可以接受的，也是应该接受的。对一个尚未起步或刚刚起步的人来说，清楚人生的这些状况很有必要，这样就可以调整自己的心态，制定更长远的人生目标。

每一次失败都让我们清醒，让我们排除一条走不通的路。

检验一个人，最好是在他失败的时候，看失败能否唤起他更多的勇气，看失败能否使他更加努力，看失败能否使他挖掘自身潜力，看失败以后他是更加坚强还是就此心灰意冷。

一个坚强的人，他会常常告诫自己，人生没有一帆风顺的旅途，接受挑战是一种乐趣！

从失败中得到的体会将使我们终身受益，人生并没有真正的失败，有些人多年后再回想起失败时，他们是心存感谢的，因为没有曾经的失败，或许今日的他们，依然如昨日的他们一样，依然不会成功。

## 故事穿越

一个身陷困境的人去向智者请教："我是一个很失败的人，我做的事情几乎有一大半都是失败的，我想知道我该怎么做。"

智者沉思良久，说道："好吧，我给你一些建议，你去看一看《时代周刊》1970年的年鉴第930页，也许会有所收获。"

那人去图书馆找到了相关章节，这是关于世界上最优秀的棒球运动员泰·库伯的介绍，这位入选名人堂的明星，他一生的打击率高达367，连有着击打之王美誉的罗斯也难以望其项背。

那人又去找智者："泰·库伯，367的打击率，就这些。"

"完全正确，"智者答："367次击打，平均每三次成功一次，也就是500多次没成功，我想你该明白些什么了吧？"

"哈哈！"那人恍然大悟："这家伙有一大半的时候都是失败的，和我一样。"

## 故事微语

失败有时候并不是主观原因造成的，不是自己的能力问题。所以说，不能把失败看得太认真。面对失败，应该如同面对任何其他事物一样，去客观、冷静分析原因，合理评估，为自己的下一步做出科学论断：是再接再厉还是改弦更张，只要能让自己的才华得到最大的施展、发挥，才是真正、最大的成功，才能对自己的一生无怨无悔。

人生并没有真正的失败，

虽然失败带给我们很大的痛苦，但是失败也可以使我们的生活变得更加有意义。如果没有失败，生活便过于平淡，让人觉得索然无味。只有经历了失败，我们才能从中发现自己的缺点和不足，吸取经验教训，为成功积蓄力量，孕育希望的种子，在一次次的失败后，我们身上的污点也会一点点地消失，成为一块晶莹剔透的无瑕之璧。

挫折和失败不以我们的意志为转移，所以我们要冷静地面对它。以高远大度的心态乐观面对暂时的失败，对失败心存感恩，珍重每一次失败，才是最为有益的态度。

## 心灵箴言

一个羞赧的失败比一个骄傲的成功还要高贵。

——[英] 纪伯伦

什么叫作失败？失败是到达较佳境地的第一步。

——[美] 菲里浦斯

被人揭下面具是一种失败，自己揭下面具却是一种胜利。

——[法] 雨果

我不知道什么是最棘手的问题，只知道尽我最大的努力去做事。

——[美] 拜伦

“不耻最后。”即使慢，驰而不息，纵令落后，纵令失败，但一定可以达到他所向往的目标。

——鲁迅

# 拥抱失败，拥抱崭新的开始

## 故事话题

永远失去父亲的那一年，哈伦德还不足5岁，连自己的名字尚拼写不完整，家里的人哭作一团时，他觉得很好玩，因为一时间没有人能顾及他，他可以自由自在地满镇子去疯。

14岁辍学后回到印第安纳州的农场，上学、干农活、在电车上售票都让他不开心。

17岁，他开了一个铁艺铺，生意还未完全做开就不得不宣告倒闭。

18岁，他找到生命中第一个爱的码头，并栖身在此。但不久后的一天，他再回家时，发现房子里的东西被搬迁一空，人也不见了踪影。爱情以迅雷不及掩耳的速度流失，码头从此成荒。

他尝试过卖保险，失败了。他力争到一份轮胎推销业务，也失败了。他学着经营一条渡船，失败了。他试着开一家汽车加油站，也失败了。

他在几乎清一色的尝试与失败中晃到了人生的中年，这个中年的生命苍白无力到甚至无法从前妻那儿见自己的女儿一面。

为了这日思夜想的一面相见，这个落寞的中年男人想到了绑架，绑架自己的女儿，然而，就连这荒唐之举，在他不惜弯下男儿之躯在路边草丛中潜伏守候了十多个小时之后也宣告失败了。

这个几乎被失败判了死刑的人，又晃过了几十年无人知也无人欲知的岁月之后，进入退休之年。一天，他收到了105美元的社会福利金，他用这点福利金最后开了一家想以此维生的快餐店——肯德基家乡鸡。

随后的快餐史便是一部肯德基史。

## 故事解析

失败不足畏，我们既然向往辉煌，憧憬成功，那么就勇敢地拥抱失败，真诚地感谢失败。

失败只是个逗号。对于一些人来说，失败意味着完结，但对于那些接受失败和热爱挑战的人来说，失败是一次宝贵的经历，是一次新的开始，是一个达到新高度的跳板。他们甚至不用“失败”这个字眼，而是代之以“受挫”和“新起点”等词汇。

失败是一剂苦口的良药，它能让我们由幼稚变成熟，由轻浮变稳健，由急躁变冷静，由狂热变清醒。

一位有成就的女性民营企业家，在介绍经验时，叙述了自己感谢的事：她感谢当年不录用她的航空公司以及一些知名大公司对她的拒绝，正因为他们的拒绝，才让她有了自己办公司当老板的念头，然后以积极的心态激昂地站在这个领域中继续努力，从而取得了以前没法想象的成功。

一个人在工作和生活中会遇到各种障碍、困难，遭遇很多失败、痛苦。在失败面前，有的人会出现暴怒、恐慌、悲哀、沮丧、退缩等情绪，影响了学习和工作，损害了身心健康。而有的人却笑对失败，对环境的变化做出灵敏的反应，善于把不利条件化为有利条件，摆脱困境，走向成功。

失败并不可怕，可怕的是掉进失败的深渊中不能自拔。我们要抛开抱怨，用微笑和热情拥抱失败，进而鞭策和鼓励自己在通往成功的道路上继续勇往直前。

## 故事穿越

几年前，宜家不得不收回一种儿童玩具，并下令停止生产，因为这种玩具的眼睛有脱落的危险，对儿童的安全不利。

可是停产又带来了另外一个问题。这种玩具由印度一家工厂生产，该工厂有600名雇员，一时间，600名工人无工作可做。

因此，宜家先后派了几名设计师到工厂去查看情况。看看有什么解决办法。前面的几个设计师去了之后都没有提出任何建议，宜家总部陷入了恐慌。

此时，一个平时不太引起大家注意的设计师安娜主动请缨，并相信肯定会有办法来解决的。

安娜查看了工厂以及所用的材料，她与供应商一起工作，从不同的角度进行分析论证。一条路线走不下去，再换一条，就这样，安娜经过连续几个通宵，开发出了一个全新系列的产品，取名叫“法姆尼”。

两个星期后，她带着法姆尼返回了瑞典。这是一种带有手臂的精美靠垫。该产品推出后，立即受到顾客的喜爱。法姆尼取得了巨大的成功。

更值得一提的是，顾客对这种产品的需求量很大，仅靠该生产厂家原有的600名雇员都不能满足这个需求，后来工厂又招聘了许多新的雇员。

## 故事微语

可口可乐的发明就是源于一次配方失败，X光的发现也是源于一次试验失败，但这些失败的人最终从“失败”中受益无穷，其最根本的原因就是他们对失败进行寻根溯底的追问。

知道为什么失败，就是成功。

失败犹如一条绳索，坚强的人可以借助它攀高涉险，步入新的天地。

如果能利用种种挫折与失败，来促使你更上一层楼，那么一定可以实现你的理想。

失败，是超越自我的坐标，一旦发现此路不通，便要另辟蹊径，当许许多多这样的坐标被明显地标示出来后，通往成功之路就更加清晰了。

不抱怨，不抛弃，不放弃，战胜困难，下一步定会成功！

珍惜失败，是让我们用失败激励自己，而绝非用失败击毁自信。只有抛弃过去的种种阴影，我们才能迈开大步向前进。

## 心灵箴言

失败是坚忍的最后考验。

——[德] 俾斯麦

对于不屈不挠的人来说，没有失败这回事。

——[德] 俾斯麦

失败也是我需要的,它与成功对我一样有价值。

——[美] 爱迪生

一次失败，只是证明我们成功的决心还够坚强。

——[英] 博维

我们关心的，不是你是否失败了，而是你对失败能否无怨。

——[美] 林肯

第五篇

# 感恩对手，人生路上最好的朋友

在社会中，竞争无处不在，无论是在学生时代，还是在成人世界中，我们时常会遇到自己的竞争对手。尽管因为有了竞争，我们曾经有过失败，但是仍然要感谢竞争对手，因为有他们的存在，才能激励我们一刻不停地不断前行；因为有了他们的存在，才能让我们从不满足现状和成绩，而是要节节攀登。学会尊重和感恩对手，人生便能收货意想不到的丰硕成果！

# 人生角逐，请珍惜你的对手

## 故事话题

1998 年 4 月，在布里斯班世界互联网大会上，李彦宏第一次与 Google 两位年轻的创始人相识。

李彦宏当时正在 Infoseek（搜信）做技术主管，要求与他交流技术的人士一个又一个。Google 的两位创始人也向他提出了很多技术问题，他也毫无保留地贡献了自己的研究心得。没想到就在三四年后，Google 像引擎杀手一样，相继把 Infoseek、Yahoo 砍于马下。

1999 年圣诞节，李彦宏穿云破雾回中国。很显然，飞机上的李彦宏离上帝更近。他回国从事的搜索引擎业务，最大的竞争对手就是被西方网民称为“上帝”的 Google。他决计要成为挑战“上帝”的人。

2001 年 10 月，李彦宏正式推出百度搜索，比 GOOGLE 中文网站晚了整整一年。中国至少有 500 万网民开始用 Google。李彦宏感觉到百度必须在技术上超越 Google。

百度成立“闪电计划”工作组，李彦宏亲自兼任组长，带领小组成员作研发。由于他在搜索引擎方面的技术积累已经很深，加之对当时世界的前沿技术非常了解，到 2002 年 12 月，楼下的那棵老槐树掉下了最后一片叶子，新楼里的“闪电计划”也终于大功告成。

“闪电计划”的结果是辉煌的，在百度，有人悄悄地删掉了 Google 的链接，理直气壮地用自己的百度。

2003 年 5 月 28 日，由中国电脑教育报举办了一个名为“Google Vs Baidu——两大搜索引擎对决搜索之巅”的万人公测活动。约 55%的人选择了“Baidu 比 Goolge 好”，10%的人选择了“Baidu、Goolge 差不多”，35%的人选择了“Google 比 Baidu 好”。

## 故事解析

李彦宏正是在拓荒中击败一个又一个对手后问鼎中文搜索之王的。百度得以在互联网屹立不倒，他的对手 Google 也有很大的功劳。

李彦宏后来也说，他要感谢 Google 给了他很大的压力，让他不敢放松，谨慎地面对一个又一个的对手，才得以在残酷互联网中生存下来。

或许，总有个人以一分之差将你拦在目标线之外，令你惶惑，令你不安，他便是你的对手，一个令你伤心令你激愤而又不得不竭尽心智和勇气面对的人。

我们每一个人都面临着众多对手，学习上，工作上，生活上，有句成语叫作“棋逢对手”，这是每一个棋坛高手所追求的，能遇上几个势均力敌的对手，是人生一大幸事。

当我们取得了原本不敢奢望的成就时，回首发展历程，怎能不感谢我们的对手呢？正是有了对手的追赶、逼迫，我们才永不懈怠，奋勇前进。

面对对手，要心存感恩。劲草感恩疾风，是因为疾风赋予了它更加顽强的生命力；落花感恩流水，是因为流水让它看到了更加美丽的大千世界；我们感恩对手，让我们锻造出坚强的毅力与勤奋的精神，跃向成功的彼岸。

感恩对手，他的存在让我们的人生远离了平庸。

## 故事穿越

在秘鲁的国家森林公园，生活着一只世界上濒临灭绝的年轻美洲虎。秘鲁人为了很好地保护它，专门在公园里开辟出一块近20平方公里的森林作为虎园，还精心设计建造了豪华的虎房。

虎园里林木茂密，沟壑纵横，流水潺潺，有成群人工饲养的牛、鹿、兔等供老虎尽情享用。然而，让人感到奇怪的是，美洲虎从未捕捉过那些“活食”，它只是奄拉着脑袋，睡了吃，吃了睡，一副无精打采的“熊样”。

政府通过外交途径，从哥伦比亚租来一只母虎与它做伴，结果依然如故。

一天，一位动物学家来公园参观，对管理员说，老虎是森林之王，在它所生活的环境中，不能只有食草动物，要放一些猎性动物与其共存。

管理员听了动物学家的话，不久便引进了几只美洲豹投放虎园。这一招果然奏效，美洲虎再也躺不住了。它每天不是站在高高的山顶愤怒地咆哮，就是如飓风般俯冲下山冈。老虎那刚烈威猛、霸气十足的本性被重新唤醒。

## 故事微语

一个一生的对手，不会给你造成负面影响，更多地会给你带来积极的影响。

在人生的旅途中，我们需要寻找真正的对手。一个和我们势均力敌，还能和我们切磋共进的人，这样的人既是对手也是伙伴。

我们呼唤这样的对手，也珍惜这样的对手。

在一次乒乓球比赛中，中国选手刘国梁对抗德国骁将波尔。决胜局，刘国梁以12：13落后，再失一分就会被淘汰。就在此时，刘国梁打出一个擦边球，德国教练没有看清楚，准备起身庆祝，波尔却示意这是一个擦边球。刘国梁最后反败为胜。

对手，往往给自己以机会，他为成功打开一扇门，为我们的进入而鼓掌。

感谢对手是对机遇的感谢，更是对对手人格的赞颂。

## 心灵箴言

棋逢对手，先礼后兵。

——谚语

直到再找不到对手，才收藏起自己的剑锋。

——[英] 莎士比亚

要成为领袖，无论从事什么行业，都要比竞争对手做好一点。

——李嘉诚

一个人的分量和水准有时候需要的是与之相应的对手来表现。

——谚语

做企业就像打高尔夫，遇强则强，遇弱则弱。如果对手水平太低，就会随意发挥，甚至打坏几杆也不介意。因此，要选择对手。

——汪书福

# 人，是在与对手的竞争中进步的

## 故事话题

刘翔从小好胜心便出奇地强，别人比他厉害，他就要比别人更厉害。刚开始专业体育训练时，他的目标锁定在和他同跑 110 米栏的师兄沈真声身上。沈真声曾获得 1998 年世界中学生运动会 110 米栏的冠军。

无数个傍晚，刘翔自己留下来单独加练。要超过别人，就必须付出加倍的汗水和努力。2000 年的全国田径大奖赛南京站，刘翔跑出了 14 秒 06，而沈真声是 14 秒 27，刘翔实现了目标！他开始留意另一个人的名字，就是第一名：陈雁浩。

陈雁浩从 1993 年开始，称霸全国，乃至称霸亚洲近六年。刘翔每天的训练格外卖力。当一件你盼望已久、原以为是遥不可期的事情，一下子变得触手可及的时候，那种迫切的心情，会转化为怎样的一种巨大动力。

才过了十几天，刘翔和陈雁浩作为对手，又一次站到了跑道上。他超过了陈雁浩，获得了冠军。

刘翔刚练跨栏时，视阿兰•约翰逊为偶像，认为他是一座远方的大山，自己到山脚下都遥不可期，更别提逾越了。随着他成绩渐渐提高，和约翰逊“过招”的次数越来越多。最后，两人占了第一、二名的位置。刘翔觉得已经站在了山脚下。

2004 年 5 月 8 日，日本，大阪，国际田联大奖赛。刘翔第一次面对面地战胜了约翰逊。他不敢相信。比赛完，阿兰•约翰逊第一个走向，用友好的微笑，拍拍刘翔的肩膀：“干得漂亮，祝贺你！”

刘翔击败了世界“跨栏王”！

## 故事解析

正是因为有了陈雁浩、约翰逊等超级对手的存在，刘翔才发挥出巨大的潜能，创造出优异的成绩。

正是有了对手的追赶、逼迫，我们才永不懈怠，奋勇前进。没有这些对手，人们可能安于现状，贪图安逸，渐渐泯没了才华。而有了对手，就会有一种压力，时刻保持警觉，树立起忧患意识，就能激发旺盛的斗志，从而发掘潜能创造佳绩。

一家投资公司的首席执行官莱德斯通先生说，拥有对手会使我们感到幸福和年轻，竞争对手不是我们的敌人，他们在我们周围只是给我们带来灵感，并促使我们把工作做得更出色。联邦快递总裁的办公室里也挂着一句话：“联邦快递，宅急送离你还有多远?”

感谢你，对手！因为是你让我明白了：不管人生的航程是否有风浪，我必须得先打点好自己的意志行囊，才能抵达幸福的彼岸，才能步入胜利的殿堂。

## 故事穿越

有一个美国小女孩，她是黑种人，经常遭受白人的歧视、排挤，她备感耻辱。自尊心很强的她立志，有一天要在白人面前找回黑人的尊严，因为她知道黑人并不比白人劣等。

从此她以八倍的辛苦数十年如一日地发愤学习，积累知识，增长才干。普通美国白人只会讲英语，她则除英语外还精通俄语、法语、西班牙语；普通美国白人26岁可能研究生还没有读完，她已是斯坦福大学最年轻的教授，随后又出任该校历史上最年轻的教务长。

天道酬勤，“八倍辛苦”换来了“八倍成就”，她终于脱颖而出，一飞冲天。她就是美国第一任女国务卿：赖斯。

## 故事微语

为什么赖斯可以超越白人获得如此大的成功？那是因为她把对手作为自己前进的动力，在战胜对手时不断强壮自己，锤炼自己。

我们因有共同的理念而相识，又因为有相同的目标而竞争。如果你的对手品质低下，行为让人不齿，你也不必辱骂，把他当成一面镜子，时时警示自己，学会宽容，学会微笑，因为这样的对手只会让我们做得更好。

假如你是一把短刀，对手则像一块磨刀石，能让你在与之抗衡的疼痛中赢得锋利。奋斗途中，不要抱怨你的对手；成功来临时，不要忘记感谢你的对手。因为对手不是敌人，而是你人生路上最好的朋友，正是因为有了对手，我们才变得更加强大。

奋斗途中，不要抱怨你的对手；成功来临时，不要忘记感谢你的对手。因为对手不是敌人，而是你人生路上最好的朋友，正是因为有了对手，我们才变得更加强大。

## 心灵箴言

只有当你被追逐的时候才最迅速。

——[黎巴嫩] 纪伯伦

真正的对手会灌输给你大量的勇气。

——[奥地利] 卡夫卡

成功也是失败之母，没有对手，成功岂不是一件很没有意义的东西。

——周谷城

发令枪一响，你是没时间看你的对手是怎么跑的。只有明天是我们的竞争对手。

——马云

上帝叫我们爱敌人，我是这样看待这个竞争对手（胡成中的德力西）的。我们分开以后他有他的事业，他也要生存也要发展，而且就在我们边上，这不挺好吗？我觉得正是因为有一个对手天天盯牢你，使你不敢睡觉，正泰才有今天的发展。

——南存辉

# 谢谢对手，那个让你更坚强的人

## 故事话题

一家小吃店已经三年了，生意说得过去，扣除房租、日常消费以及工资，还是有一些赢利的。店主很知足。

在这条街上，只有他这一家小吃店，这为他的生存奠定了基础，也就是说，相应的风险减轻了许多，比如竞争、排挤和破产。

也就是两个月前，发生了一件事情：这条街头的童装店不做了，紧接着开始转租，很快有一天，开始装修了，也是小吃店，提供家常便饭，只不过，人家的店面装修得干净、漂亮。

店主担心的危机终于来到了，站在马路上，他不时地遥望对方，食客满堂，他极度不平衡，甚至想到找人去砸对方的店。可最终，他还是控制了自己。

慢慢地他有所转变了，开始分析彼此的优势：对方的店地理位置好，条件也好，这已是既定事实；而自己的优势在于，有一批老熟客，并且积累了一定的经验。

他对店内的布局进行了调整，更换了一些物品，令人耳目一新；新聘了一位厨师，拿出了新的菜谱。最后，也就是最关键的一点，他决定开始经营早餐了，这又带来了新客源。

他的经营理念逐渐发展为“你无我有，你有我优”，果然取得了成效。早晨他的店独秀一枝，中午和晚上，对方的店人很多，而他的店也不含糊。一个月下来，赢利竟是以前的三倍，创开店最高。

他开始庆幸有这么个对手了，正是他的出现，才刺激了他那有点疲惫的神经，结果创造了崭新的辉煌。

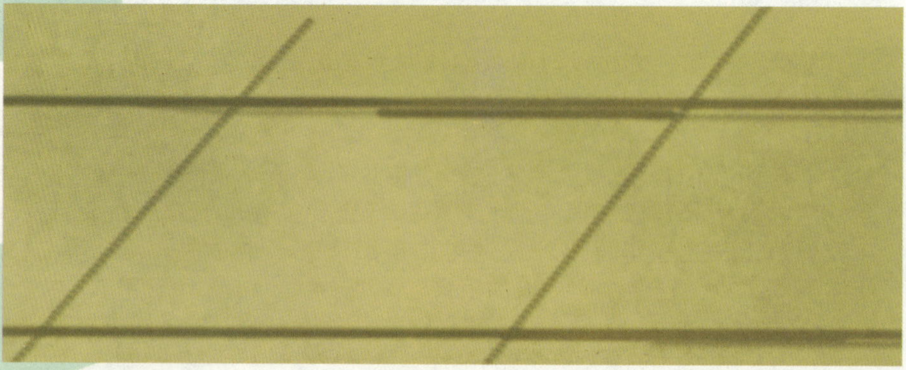

饭店

## 故事解析

要发自内心地感谢对手。如果这个对手曾经使你沮丧不堪，做出过很多令人不齿的行为，是你恨之入骨的仇人，多年以后，当你再次见到他时，你心里肯定对他不屑一顾，甚至还会想到要当面羞辱他一番。不过，你最好不要这样做。因为，辱骂不是战斗。

在一些武打片中总会安排两个功夫绝顶的英雄，双方由于立场和利益的不同，拼得你死我活，但是真的在生死关头，却又不忍心下手，害怕没有对手之后，自己的心里会变得空落落的。

所以，见到对手的办法是微笑着向他打招呼，并在心里感谢他，因为是他让你更加坚强。

对手不是我们的敌人，而是除父母老师朋友之外我们还应该感谢的人，感谢对手，是他们让我认清我们的敌人永远只有自己；是他们让我立志刻苦学习，努力奋斗；是他们让自己心中准备战斗的弦紧绷，同样是他们让自己勇敢，坚强地面对人生的坎坷。感谢对手，感谢你们。

## 故事穿越

在2001年7月13日国际奥委会第112次全体会议上，北京战胜多伦多、大阪、巴黎、伊斯坦布尔，获得第29届奥运会主办权。全国人民为之欢呼雀跃，而主持人水均益却说了一句令人难以忘怀的话：“我们要感谢对手。”

是的，正是有了多伦多、大阪、巴黎、伊斯坦布尔这样强大的对手，北京才有紧迫感、压力感，才使我们的申办工作做得更扎实、更细致、更完美。

这样的对手，可使中国更强大，在国际上的威望更高。从这个意义上讲，我们的确要感谢对手。

## 故事微语

相传，挪威人从深海捕捞的沙丁鱼很难活着上岸。后来有一位老渔民在鱼槽里放进了鲇鱼。在鲇鱼的追逐下，沙丁鱼拼命游动，激发了活力，反而活了下来。这就是著名的“鲇鱼效应”的由来。

不论你是在商场还是在职场，总会有一些鲇鱼式的人搅得你寝食不安。可是，他们也使得你斗志昂扬，使出全身的力气来迎接挑战。若干年以后，当你感到自己已经有所进步的时候，你会发现，给你最大动力的不是你的朋友，恰恰有可能是你的竞争对手。

学习中，生活中，总有这样那样的对手，给我们压力，给我们挑战。成功时，对手给我们掌声，失败时，也能听到他们鼓励的话语或得到他们温暖的拥抱。

我们应该感谢对手，感谢他们。

感恩对手，因为他的存在让我们看到了自己奋斗的目标。

## 心灵箴言

没有对手就没有动力，我永远感谢对手。

——刘翔

人才与策略不同，是无法被对手学习的。

——余世维

一个真正的对手比一个真正的朋友更难寻。

——古龙

成功者永远是比对手多做一下坚持到底的人。

——陈安之

唯一能持久的竞争优势是胜过竞争对手的学习能力。

——[荷兰] 盖亚斯

# 共赢为上，没有永远的对手

## 故事话题

一个牧场主养了许多羊。他的邻居是个猎户，院子里养了一群凶猛的猎狗。这些猎狗经常跳过栅栏，袭击牧场里的小羊羔。牧场主几次请猎户把狗关好，但猎户不以为然，口头上答应，可没过几天，他家的猎狗又跳进牧场横冲直撞，咬伤了好几只小羊。

忍无可忍的牧场主找镇上的法官评理。听了他的控诉，明理的法官说：“我可以处罚那个猎户，也可以发布法令让他把狗锁起来。但这样一来你就失去了一个朋友，多了一个敌人。你是愿意和敌人做邻居呢，还是和朋友做邻居？”

“当然是和朋友做邻居。”牧场主说。

“那好，我给你出个主意，按我说的去做，不但可以保证你的羊群不再受骚扰，还会为你赢得一个友好的邻居。”法官如此这般交代一番，牧场主连连称是。

一到家，牧场主就按法官说的挑选了三只最可爱的小羊羔，送给猎户的三个儿子。看到洁白温顺的小羊，孩子们如获至宝，每天放学都要在院子里和小羊羔玩耍嬉戏。因为怕猎狗伤害到儿子们的小羊，猎户做了个大铁笼，把狗结结实实地锁了起来。从此，牧场主的羊群再也没有受到骚扰。

为了答谢牧场主的好意，猎户开始送各种野味给他，牧场主也不时用羊肉和奶酪回赠猎户。渐渐地两人成了好朋友。

## 故事解析

对手也能变朋友。对手之于人生犹如水之于船，水涨才能船高。

21 世纪是竞争与合作共存的年代，人与人之间更多的是在合作中竞争，竞争中合作，要学会宽容。谈判桌上，互不相让，谈判桌下，一起喝茶，给对方一个祝福，期待明天都有更大进步，这是我们对待竞争对手应有的心态。

上天总是把等重的人放在天平两边的。所以，我们既不能藐视对手，也不能轻视自己。因为，对手是和我们拥有同样生命重量的人。

真正认识你的人，除了你的朋友外，还有你的对手。所以，要重视你的对手，因为他最早发现你的过失；要感谢你的对手，因为他使你强大起来。

## 故事穿越

美国著名的 Real Networks 公司曾经向美国联邦法院提起诉讼，指控比尔·盖茨的微软公司违反了反垄断法，并要求其赔偿 10 亿美元。但是，在官司还没有结束的情况下，Real Networks 公司的首席执行官格拉塞却致电比尔·盖茨，希望能得到微软的技术支持，以使自己公司的音乐文件能够在网络和便携设备上顺畅地播放。

几乎所有的人都认为比尔·盖茨一定会毫不犹豫地拒绝他的请求，但出人意料的是，比尔·盖茨对他的提议出奇地欢迎，他通过微软的发言人表示，如果对方真的想要整合软件的话，他将很有兴趣。

大家都知道，微软和苹果两大公司自 20 世纪 80 年代起就一直处于势不两立的敌对状态，乔布斯和比尔·盖茨为争夺个人计算机这一新兴市场的控制权展开了极其激烈的竞争。到了 20 世纪 90 年代中期，微软公司明显占据了领先优势，已经占领了约 90%的市场份额，而苹果公司则举步维艰。

但让所有人大跌眼镜的是，1997 年，微软向苹果公司投资 1.5 亿美元，把苹果公司从倒闭的边缘拉了回来。2000 年，微软为苹果推出 Office 2001。自此，微软与苹果真正实现双赢。

## 故事微语

面对对手的时候，一定要做到不屈不挠，咬紧牙关，迎面而上，绝不退缩——这似乎是共识。但明智的比尔·盖茨选择了另一种方式：站到对手的身边，把敌人变成自己的朋友。

这两件常人觉得不可理解的事都发生在比尔·盖茨身上，这绝对不仅仅是一个巧合。比尔·盖茨的成功，有很多因素，包括他对商机的把握和他天才的设计能力，但其中还包括他对对手所采取的态度。

当你决定不惜一切打败对手的时候，对手也想着用各种办法来打败你。他既然能成为你的对手，就一定跟你实力相当。退一步来说，就算你历尽艰辛终于将他打败，可是谁能保证某天他不会东山再起？到时候你又要耗费精神，积极备战。

因此，对于这种情况，最好的办法不是打败对手，而是像比尔·盖茨那样，借施恩之势友好地站到对手的身边去，把他变成自己的朋友，实现双赢。

## 心灵箴言

成功在于合作，合作共赢天下。

——谚语

如果你不能战胜对手，就加入到他们中间。

——美国企业界信条

不管你拥有多少资源，永远把对手想得强大一点。

——马云

企业如果在市场上被淘汰出局，并不是被你的竞争对手淘汰的，一定是被你的用户所抛弃。

——汪中求

# 不断突破，与对手一起进步

## 故事话题

海湾战争之后，美国军方提出了战争状态下士兵的“生存能力”比“作战能力”更为重要的全新理念。于是一种被称为“艾布拉姆”式的MIA2型坦克开始陆续装备美陆军，这种坦克的防护装甲当时是世界上最坚固的。那么，MIA2型坦克这种品质优异的防护装甲是如何研制出来的呢？

乔治·巴顿中校是美国陆军最优秀的坦克防护装甲专家之一，他接受研制MIA2型坦克装甲的任务后，立即找来了一位老“冤家”做搭档——毕业于麻省理工学院的著名破坏力专家迈克·马茨工程师。

两人各带一个研究小组开始工作，所不同的是，巴顿带的是研制小组，负责研制防护装甲；迈克·马茨带的则是破坏小组，专门负责摧毁巴顿已研制出来的防护装甲。

刚开始的时候，马茨总是能轻而易举地将巴顿研制的新型装甲炸个稀巴烂，但随着时间的推移，巴顿一次次地更换材料、修改设计方案，终于有一天，马茨使尽浑身解数也未能奏效。于是，世界上最坚固的坦克在这种近乎疯狂的“破坏”与“反破坏”试验中诞生了，巴顿与马茨这两个技术上的“冤家”也因此而同时荣获了紫心勋章。

巴顿中校事后说：“事实上，问题是不可怕的，可怕的是不知道问题出在哪里，于是我们英明地决定‘请’马茨做欢喜冤家，尽可能地激他帮我们找到问题，从而更好地解决问题，这方面他真是很棒，帮了我们大忙。”

## 故事解析

因为有“冤家”做搭档，乔治·巴顿中校研制出了世界上最坚固的坦克。

对手的作用在于他们特别关注我们的缺点和错误。这不是坏事，我们的耳边时时会有批评声，使我们知道自己还有不足，还有问题，还有不尽如人意之处，便不会盲目乐观，不会满足现状。

而对手的批评，就像皮鞭一样，一次次抽打在我们身上，鞭策我们加倍努力，拼命向前，继而创造出非凡的业绩。

巴顿的这一段经验之谈是放之四海而皆准的——不管是干大事业，还是做小事情，找个优秀的对手，与之较量，在较量中一同成长进步，一定会取得意想不到的绝佳效果。与对手一起进步实在是明智之举。

一个善于竞争的人总喜欢与高手过招，在与对手的较量之中不断充实和提高自己，遇强则强，遇刚则刚。一个害怕竞争或者没有勇气竞争的人只能在畏缩和放弃中沉沦。

## 故事穿越

刘先生的死对头、大学时代的室友近日空降到公司担任总经理，成为他的上司。

刘先生在大学期间，一直和这一位室友较劲，小到一场演讲比赛，大到竞选学生会主席，都要争个高下，由于实力相当，棋逢对手，两人一直争到大学毕业，几乎成为仇人。

毕业后，刘先生找到比室友更好的工作，自感出了一口恶气，也就渐渐地将室友淡忘。在没有竞争对手的情况下，刘先生渐渐地对自己有所放松，而室友却勤奋工作，在行业里日渐出名。

刘先生说："刚刚毕业那会儿，我不屑于把他当对手，可这几年下来，估计现在他不屑于把我当对手了，不知道这位老同学会不会给小鞋儿穿。"

同事对刘先生说："你不要担心，因为真正的对手是不会公报私仇的，相反，你应当为现在又有了新的竞争对手，可以重新焕发斗志而庆幸，当然，作为上下级关系的同事，该合作的时候要合作。"

## 故事微语

在学习中，在工作中，遇到困难是必然的，真正让你成功的，也许就是与你竞争的对手。

对手是助推器，他迫使你进步。竞争对手每天都在思考如何战胜你，你不想被打败，就必须不断进步。

寻找对手，展开竞争，取得进步，再找对手，再竞争，再进步，正是这样不断循环往复，我们才从一个进步走向另一个进步。

对手是座警钟，他时时刻刻在提醒你：无论你取得多大的进步，都绝不能自满。

感谢对手是一种度量，让自己更加自信；感谢对手是一种洒脱，肯定对方，同时也显示自己的高贵；感谢对手是一道风景，让人生充满挑战。感谢对手成就的是自己，感谢对手展现的是魅力，感谢对手其实就是一种成熟。

人们都是在感谢对手中成长，在感谢对手中强大。

感谢对手，让我们明白了强者为王，从而更加勤奋，更加努力地生活。

## 心灵箴言

人才与策略不同，是无法被对手学习的。

——余世维

竞争的本质不是比强壮、不是比敏捷，也不是比谁更聪明，而是比谁少一些愚蠢。

——[美] 查普曼

同我们角斗的对手强健了我们的筋骨，磨炼了我们的技巧，我们的对手就是我们的帮手。

——[爱尔兰] 埃德蒙·伯克

一个人如果能发现他的对手的长处,那就会给他带来不可估量的巨大益处,因为这肯定会使他超过他的对手。

——[德] 歌德

# 心灵榜样微史话

## 管宁

生于158年，卒于241年，字幼安，北海郡朱虚（今山东省安丘、临朐东南）人。与华歆、邴原并称为“一龙”。东汉末年天下大乱时，与邴原及王烈等人一起到辽东避乱。他在当地只谈经典而不问世事，并引来大量同是逃避战乱的人，于是管宁就开始做讲解《诗经》、《书经》、谈祭礼、整治威仪、陈明礼让等教化工作，人们都很乐于接受管宁的教导，管宁于是颇受人们爱戴。后来中原渐渐安定，到辽东的人们纷纷回乡，惟独管宁仍不打算离开，曹魏几代帝王数次征召管宁，他都没有应命。正始二年，管宁病故，时年八十四岁。著有《氏性论》。

## 鲁迅

伟大的无产阶级文学家、思想家、革命家。原名周樟寿，后改名周树人。有两个弟弟，字豫亭，后改为豫才，浙江绍兴人，出身于封建家庭，青年时代受进化论、尼采超人哲学和托尔斯泰博爱思想的影响。鲁迅原在仙台医学院学医，后从事文艺工作，希望用以改变国民精神。辛亥革命后，曾任南京临时政府和北京政府教育部部员、佥事等职，兼在北京大学、女子师范大学等校授课。1918年5月，首次用“鲁迅”的笔名，发表中国现代文学史上第一篇白话小说《狂人日记》，奠定了新文学运动的基石，后与《药》、《故乡》等小说名篇一同收入小说集《呐喊》。毛泽东评价鲁迅为伟大的无产阶级文学家、思想家、革命家、评论家、作家，是中国文化革命的主将、中华的精神的发扬人。鲁迅是20世纪中国的主要作家，是中国现代小说、白话小说和近代文学的奠基人之一，是新文化运动的领导人、左翼文化运动的支持者之一。

鲁迅一生的著作包括杂文、短篇小说、论文、散文、翻译近1000万字，其中杂文集共16本：《热风》《坟》《华盖集》《华盖集续编》

(1926)《而已集》(1927)《三闲集》《二心集》(1930)《南腔北调集》(1932—1933)小说集：《呐喊》(1918—1922)《伪自由书》《准风月谈》《花边文学》《且介亭杂文》(1934—1936)等。散文集《朝花夕拾》，散文诗集《野草》，真实地讽刺了当时社会的黑暗面。

**吴天明**

生于1939年12月5日，是中国内地男导演，陕西三原人。

1960年考入西影演员培训班，1976年入北京电影学院导演进修班。回厂后，当任助理导演和副导演三年。1988年导演了电影《老井》，获得第八届金鸡奖最佳故事片奖、最佳导演奖，第七届夏威夷国际电影节评审团特别奖；2012年出演《飞跃老人院》。

2013年9月，吴天明凭借电影《百鸟朝凤》在第22届金鸡百花电影节获得了评委会特别奖。

2014年3月4日中午，吴天明因心梗离世，享年75岁。

2014年3月8日下午3点在八宝山举行追悼会，3月10日在北京电影学院举行追思会，追思会上将进行相关的吴天明作品放映和座谈。

**赵本山**

1957年10月2日出生于辽宁省铁岭市开原市，喜剧表演艺术家、国家一级演员，东北二人转教授，全国政协委员、中国曲艺家协会会员、全国青联委员、辽宁大学本山艺术学院院长，本山传媒集团董事长。

1982年，赵本山主演了拉场戏《摔三弦》，1990年开始踏上央视春晚的舞台，连续十五年获得中央电视台春节晚会一等奖，被誉为“小品王”、“东方卓别林”。1999年由个人投资主演的电影《男妇女主任》获得第二十二届大众电影百花奖最佳故事片奖，赵本山获最佳男演员奖。2003年，赵本山首倡“绿色二人转”，并创立了以演出“绿色二人转”为主的“刘老根大舞台”。2013年蛇年春晚前，赵本山宣布退出小品舞台。担任2014年中央电视台春节联欢晚会副总导演兼任语言类节目总监。

### 汉斯·克里斯蒂安·安徒生

丹麦 19 世纪著名的童话作家和诗人，也是世界文学童话的代表人物之一，也是个虔诚的基督教徒，被誉为“世界儿童文学的太阳”。他 1805 年出生于欧登塞城一个贫穷的鞋匠家庭，童年生活贫苦。早年在慈善学校读过书，当过学徒工。受父亲和民间口头文学影响，他从小爱文学。11 岁时父亲病逝，母亲改嫁。为追求艺术，他 14 岁时只身来到首都哥本哈根。经过 8 年奋斗，终于在诗剧《阿尔芙索尔》的剧作中崭露才华。因此，被皇家艺术剧院送进斯拉格尔塞文法学校和赫尔辛欧学校免费就读。历时 5 年。1828 年，升入哥本哈根大学。毕业后始终无工作，主要靠稿费维持生活。1838 年获得作家奖金——国家每年拨给他 200 元非公职津贴。

安徒生文学生涯始于 1822 年的编写剧本。进入大学后，创作日趋成熟。曾发表游记和歌舞喜剧，出版诗集和诗剧。1833 年出版长篇小说《即兴诗人》，为他赢得国际声誉，是他成人文学的代表作。他最著名的童话故事有《小锡兵》《海的女儿》《拇指姑娘》《卖火柴的小女孩》《丑小鸭》《皇帝的新装》等。安徒生生前曾得到皇家的致敬，并被高度赞扬：给全欧洲的一代孩子带来了欢乐。他的作品《安徒生童话》已经被译为 150 多种语言，成千上万册童话书在全球陆续发行和出版。

### 卡尔·马克思

世界上无产阶级的伟大导师、科学社会主义的创始人。伟大的政治家、哲学家、经济学家、革命理论家、社会学家、革命家。社会学三巨头之一。主要著作有《资本论》、《共产党宣言》。他是无产阶级的精神领袖，是当代共产主义运动的先驱。支持他理论的人被视为马克思主义者。马克思最广为人知的哲学理论是他对于人类历史进程中阶级斗争的分析。他认为几千年以来，人类发展史上最大的矛盾与问题就在于不同阶级之间的利益掠夺。依据历史唯物论，马克思曾大胆地假设，资本主义终将被共产主义所取代。

### 小乔治·史密斯·巴顿

美国陆军的一位上将，以在第二次世界大战欧洲战场先后指挥美国陆军第 7 集团军和第 3 集团军而闻名。

巴顿于 1885 年出生在一个历史悠久的军人家庭中，他先进入维吉尼亚军事学校学习，之后入读西点军校。他参加了 1912 年夏季奥林匹克运动会现代五项的比赛，并为 M1913 型军刀的设计者。巴顿在潘乔维拉远征期间首次参与战斗，这也是最早的机械化作战实例之一。之后他加入了美国远征军新成立的坦克军团并参加第一次世界大战。巴顿在战争期间首度统领位于法国的美国坦克学校，不过到战争快要结束时因负伤而离职。在战间期，巴顿一直是美国陆军装甲战学说发展的一个核心人物，在全国各地出任过众多职位。他的军衔不断得到提升，并在美国卷入第二次世界大战时成为美国第 2 装甲师的指挥官。

1942 年，巴顿带领美军将士在北非战场通过入侵卡萨布兰卡进入地中海战场，之后他在这里快速恢复了美国第 2 军团受挫的士气，从而建立了自己是一位有效率指挥官的名声。巴顿随 1944 年诺曼底战役而指挥第 3 集团军回到战场，他领导了一场非常成功的行动快速穿越法国。突出部之役期间，他带领第 3 集团军解救了被围困在巴斯通的美军，并在战争结束前率先带领自己的部队进入德国本土。战争结束后，巴顿曾短暂担任巴伐利亚的军政府首长，然后成为美国陆军第 15 集团军指挥官。1945 年 12 月 21 日，巴顿在欧洲发生一场车祸后逝世，享年 60 岁。

**史蒂芬·威廉·霍金**

英国剑桥大学应用数学与理论物理学系物理学家，1979—2009 年任卢卡斯数学教授，现为荣誉卢卡斯数学教授，牛顿曾任此职，是人类历史上最伟大的教授职位；霍金是爱因斯坦之后最杰出的理论物理学家和当代最伟大的科学家，人类历史上最伟大的人物之一，被誉为“宇宙之王”。

# 心灵修养用语微解

**对手**：劲敌。特指本领、能力、水平不相上下的竞赛的对方。指竞赛或斗争的对方。泛指对方。指势均力敌的人。意指对弈，交锋。

**大度**：心胸宽广，大度常和宽容一起使用，宽容大度，宽容大度是一种美德，他要求人清心寡欲。“人之心胸，多欲则窄，寡欲则宽。”小肚鸡肠，难容他人者都是自私自利之徒。

**成熟**：指人的思想观念之转变，从幼稚向更高一级的转变，是人类自身矛盾运动的结果，对事对物的看法更加理智，并且这一过程中往往伴随着周围环境的改变而发生，也包括其他人的影响。

**贫穷**：是个很广泛的观念。在中文里，贫、穷两字本解作“极度不足”，日常使用里则指“缺乏钱财，生活拮据困乏”道德标准的；也有人认为可以从科学角度去理解贫穷的意思。贫穷的成因包括了多种因素，从发展经济学角度讲，贫穷就是缺乏生活机会。

**友情**：指慈悲之慈。相当于佛教用语“弥勒”（梵 maitri^）一词，此语乃由mitra(友）字变化而来，即俗谓之友情。友情表示“无缘之慈悲”，无缘即无条件之意。无条件之友情，为佛教对“爱”之最高发挥。佛教之出世间即是超越血缘、地缘，出离家园与国家，超越骨肉血亲之爱，超越国别地域之爱，对所有人皆平等奉献无条件之友情，此即所有佛教徒必备之条件。

**感恩**：对别人所给的帮助表示感激，是对他人帮助的回报。餐前或餐后对上帝表示感谢；感恩是一种处世哲学，也是生活中的大智慧。一个智慧的人，不应该为自己没有的东西斤斤计较，也不应该一味索取使自己的私欲膨胀。学会感恩，为自己已有的而感恩，感谢生活给予你的一切。这样你才会有一个积极的人生观，才会有一种健康的心态；感恩是你对一个没有关系或者关系不够亲密的人给予你帮助所产生的一种亏欠心理。感恩是对亲人朋友的一种回馈心理。是一个人所需要拥有的品质。对他人给予的恩惠表示感谢。带着一颗真诚的心去报答，感谢别人。

**亲情**：特指亲人之间的那种特殊的感情，不管对方怎样也要爱对方，无论贫穷或富有，无论健康或疾病，甚至无论善恶。它有两个特点：一是互相的，不是单方面的，母爱是亲情，爱母也是亲情；二是立体的，不是专指母女情，也不是专指父子情，如父子（父女）情，母子（母女）情，手足情（兄弟姐妹），祖孙情（祖辈与孙辈），甚至朋友之情，都是可以是亲情。“亲情”重在“情”字。不是亲人也可以有亲情；有血缘关系也不一定有亲情。

**失败**：是一个和胜利、成功相对的词语，没有达到预期的目的；被对方打败，输给对方。在斗争或竞赛中被对方打败。失败仅仅是自己的一种感觉，一种绝望的感觉。失败的人在经过几次挫折后，在自己的心中为自己设置了界限，他们不再试图努力去超越这个界限了。曾经陈安之老师在演讲中说过“失败乃成功之母”。一个人失败了，才知道成功的可贵，才会在不断的失败中，找到成功的方法！陈安之在演讲中说“这个世界上没有失败，只有暂时停止成功”。

**滴水之恩，涌泉相报**：意思是即使受人一点小小的恩惠也应当加倍（在行动上）报答。书面记载最早为清代的增广贤文•朱子家训，其句原为民间的俗语，广为进报者采用，后来清代朱用纯编辑收录，为教子醒世采用。